LOGICAL THINKING

逻辑思维提高训练营

直达谜底的278个逻辑谜题

周婷 / 主编

中国法制出版社
CHINA LEGAL PUBLISHING HOUSE

前言

每个人的能力包括很多方面，而思维能力特别是逻辑思维能力可以说是重中之重的能力。那些拥有强大逻辑思维能力的人，在遇到问题时总是能够透过纷繁杂芜的现象，准确、快速地抓住本质性、深层次的细节，然后找到最佳的解决问题的方案。逻辑思维能力让他们在工作中、生活中表现得更加优秀、更加从容，他们也更容易有所成就。

也正因为这样，现在逻辑思维能力在全社会都受到了普遍的重视。一些国内外的重量级考试，包括工商管理硕士（MBA）入学考试、公共管理硕士（MPA）入学考试、美国研究生入学考试（GRE）及我国的公务员招录考试等，都将逻辑谜题作为重要的考试内容。不仅如此，很多大公司在面试、笔试时也经常会用各种各样具有一定难度的逻辑谜题来考察求职者的逻辑思维能力。遗憾的是，为数不少的应试者、求职者平时没有注意这方面能力的训练，导致一遇到逻辑谜题就有无从下手之感。还有些人试图通过死记硬背多种题型来通过考试，这样不但无法让逻辑思维能力获得提升，还有可能会让自己错失很多宝贵的机会。

事实上，逻辑思维能力涉及很多方面的知识和技巧。比如，它与我们的语言理解能力有关，与我们的数学运算能力有关，与我们的推理演绎能力有关，与我们的发散思考能力有关……我们只有通过系统性、全面性、有针对性的反复训练，才能不断强化自己的逻辑思维，让自己的大脑更加高效地运转，从而发现别人发现不了的细节，想出别人想不出的办法，解决别人解决不了的问题。

为了更好地帮助读者训练和提升逻辑思维，我们特别编写了这本富有指导性的谜题集锦。本书中的近300道逻辑谜题是我们广泛研究了历年公务员考试、研究生考试、公司面试题以及多部专业书籍后，精心筛选出的具有代表性、出现频率高、能够锻炼逻辑思维的高价值谜题。

在编排这些题目时，我们尽量按照解答逻辑谜题的常用方法来进行分类，这些方法包括假设法、排除法、归纳法、演绎法、分析法等十个大类，可以让读者获得更有针对性的训练。而且每一类的逻辑谜题难度是逐渐加深的，这样读者可以有一个适应的过程，也可以在思考、解题的过程中获得逻辑思维能力的逐步提升。另外，我们还对每道题的题干进行了科学的改编，使其更加符合时代特色，还能体现出思维的趣味性，可以让读者在思考、答题的同时获得不少阅读的乐趣。

我们在编写本书时，非常注意保证题目的科学性、准确性，对于每道题目的“解析”部分，更是进行了反复的验证，对于一些不确定的难点还参考了很多专家的意见，力求为读者提供清晰、正确、步骤分明的思路和解法。为了便于读者理解，在详细的文字说明之外，有些地方还配有生动的插图、表格，可以让读者一看就懂，一学便会，更可触类旁通，毫无困难地解决更多同类型的题目。

更值得一提的是，对于同一道谜题，我们主张采用更加简便、快捷的解题办法，这样更能为读者节省更多的宝贵时间。按照本书中介绍的方法训练之后，读者无论是在工作、生活中应对难关，还是在应考、面试时解答难题，都会更有思路。

目录

第一章　假设解谜：用假设识破逻辑矛盾

第二章　排除解谜：将假命题和无关信息排除在外

第三章　归纳解谜：找出现象背后的共同规律

第十章　图表解谜：让抽象的逻辑关系变得清晰

第一章

假设解谜：用假设识破逻辑矛盾

一个逻辑谜题可能会给出诸多条件，我们可以假设某一个条件是正确的，再结合其他条件进行合理的判断，如果出现矛盾，就说明假设是不正确的，需要重新提出一个假设继续推理。如此依次进行，事实就会逐渐呈现在我们的眼前。

1. 到底该走哪条路

【谜题】

很久以前，有一个旅行家听说某地有一个真话村，那里的人们一辈子只说真话，不说假话；在真话村附近还有一个假话村，里面的村民个个都是撒谎大王，没有一句真话。旅行家觉得这两个村子非常有趣，准备去考察一番。

半途中他遇到一个岔路口，不知该选择哪条路才能到真话村。这时远处走来一个年轻人，旅行家就想向他打听一下。可是旅行家拿不准对方到底是真话村人还是假话村人，所以也不知道对方到底会说真话还是假话。于是他绞尽脑汁，向对方问了一个问题，终于弄清了自己该走哪条路。

你知道旅行家到底问了一个什么样的问题吗？

【解析】

旅行家会问这个人："请问哪条路不能通向你的村子？"假设对方来自真话村，他只会说真话，就会指出通往假话村的路，旅行家就会知道走另一条路能到真话村；假设对方来自假话村，因为他一定会说假话，所以他也会指向假话村的方向，旅行家选择另一条就可以到达真话村。

2. 谁的收入高

【谜题】

贾磊和杨旭东是好朋友，分别从事不同的工作，收入也不一样。在一次同学聚会上，有人问他们："你们谁的收入高？"

贾磊说："我的收入高一些。"

杨旭东说："我的收入比贾磊低一些。"

现在已知他们两人中至少有一人没有说实话，那么，你知道到底谁的收入比较高吗？

【解析】

假设贾磊的收入比较高，那么两人说的都是真话，与"至少有一人没有说实话"的条件矛盾，所以贾磊的收入是比较低的，这样两人说的都是假话，与条件能够吻合。所以本题的答案是杨旭东的收入比较高。

3. 好朋友的职业

【谜题】

A、B、C 三个人是好朋友，大学毕业后，他们中间其中一个人当上了教师，一个人自主创业，还有一个人成了律师。此外还知道以下条件：A 的年龄比律师的年龄大；自主创业者的年龄比 B 小；

C 的年龄和自主创业者的年龄不一样。请问这三个人中谁是教师？谁是自主创业者？谁是律师？

【解析】

假设 A 是律师，那么就与题目中“A 的年龄比律师的年龄大”这一条件相矛盾了，因此 A 肯定不是律师。假设 C 是自主创业者，那么就与题目中的“C 的年龄和自主创业者的年龄不一样”这一条件相矛盾了，所以 C 不是自主创业者。同样的道理，B 也不是自主创业者。可见，A 才是自主创业者。

再假设 B 是律师，那么“A 的年龄比律师的年龄大；自主创业者的年龄比 B 小”这两个条件就会自相矛盾，所以 B 也不可能是律师。

因此 A 是自主创业者，B 是教师，C 是律师。

4. 路边的苦李

【谜题】

有几个小孩一起到外面游玩，经过一片繁华的街道，看见街道两边栽种着一些李子树，树上结着密密麻麻的李子。几个孩子拍着手叫喊着要去摘李子，可是其中一个小男孩却说：“别去摘，别去摘，那些都是苦李子。”

听到男孩的话后，有几个孩子停下了脚步，可是也有些孩子不相信男孩的说法，他们说：“李子看上去又大又红，肯定很好吃，你凭什么说它们是苦李子？”小男孩没有多说，只让他们自己去摘下来尝尝看，结果大家摘了李子一尝，才知道这真的是苦李子。

那么，小男孩是怎么知道树上结的都是苦李子的呢？

【解析】

小男孩就是用假设法中的反证法来思考这个问题的。这种方法就是先从相反的角度进行假设，然后推理出明显矛盾的结果，从而证明假设不成立，因此原命题是成立的。这种方法不仅更加省时省力，还能锻炼我们的逻辑思维。

比如，在本题中，小男孩想要证明李子是苦的，他先用反证法假设“李子不是苦的”，也就是说，李子都是甜的。可是李树的生长环境并非人迹罕至的荒郊野外，而是在人来人往的街道两旁，而且周围也无人看守，所以好吃的甜李子肯定会被路人摘光，树上的李子就不会留下这么多了。

但是这个推理出来的结果显然与已知条件“树上结着密密麻麻的李子”相矛盾，所以“李子不是苦的”这个假设是不成立的，这就是小男孩一看到果实累累的李子树就认为结的都是苦李子的原因。

5. 到底是谁打碎了碗

【谜题】

在一个四口之家里，妈妈平时非常严厉，如果家庭成员做错了事情，妈妈就会大发雷霆，所以大家平时无论做什么都小心翼翼的，生怕会惹妈妈生气。

一天晚饭后，爸爸和儿子在客厅下象棋，妈妈和女儿在厨房收拾碗筷。突然，爸爸和儿子听到厨房里传来一声响亮的东西被打碎的声音，接着是一片寂静，看来是有人打碎了一只碗。爸爸和儿子都想知道是谁打碎了碗，可是又怕妈妈不高兴，所以谁都没有开口去问。

那么，你能猜到到底是谁打碎了碗吗？

【解析】

这道题也可以用假设法中的反证法进行推理，假设“不是妈妈打碎了碗”，又因为当时只有妈妈和女儿在厨房里，所以碗应当是女儿打碎的。妈妈脾气不好，肯定会为此大发雷霆，可是这与已知条件“一片寂静”互相矛盾，所以“不是妈妈打碎了碗”这个假设是不成立的，正确的答案就是“妈妈打碎了碗”。

6. 应该释放谁

【谜题】

一条大街上发生了纵火案，警方根据线索逮捕了三名嫌疑人，其中包括一个小偷、一个骗子和一个无辜的快递员。已知快递员只说真话，骗子只说假话，小偷有时说真话有时说假话，但现在警方不能确定哪个才是说真话的快递员。

于是，警方分别讯问了这三个人。

在讯问第一个人时，警方提出问题：“你到底是谁？”这个人回答道："我是小偷。"

在讯问第二个人时，警方提出问题："我们刚才讯问的那个人是谁？"这个人不假思索地回答："他是骗子。"

在讯问第三个人时，警方提出问题："我们讯问的第一个人是谁？"这个人回答："他是快递员。"

警方在比对了三个人的口供后，很快就确定了谁才是快递员，并将他释放了。你知道警方释放的是第几个人吗？

【解析】

假设第一个人是快递员，因为他只说真话，所以警方在讯问他的身份的时候，他不可能说自己是小偷，所以第一个人不是快递员。同样的道理，第三个人也不可能是快递员。

假设第二个人是快递员，因为他只说真话，那么第一个人就是骗子，他说的就确实是假话，这与题意是吻合的。第三个人就是小偷，他说的也是假话，而这与他"有时说真话有时说假话"也是吻合的。

因此警方释放的是第二个人，他正是无辜的快递员。

7. 谁没有说假话

【谜题】

李云宇、顾子佳、赵瑞三个人平时都很喜欢说假话，不过他们有时候也会说真话。有一天，三个人为了一件事吵架了。李云宇指责顾子佳说了假话，顾子佳生气地指出是赵瑞说了假话，赵瑞很不服气地回敬道："你们两个才在说假话。"

如果他们三人只有一个人没说假话，你知道是谁没说假话吗？

【解析】

假设李云宇说的是真话，那么顾子佳就说了假话，赵瑞就没说假话，那么赵瑞所说的就是真话，但这与"三人只有一个人没说假话"矛盾，所以李云宇说的是假话。那么顾子佳说的就是真话，答案就是顾子佳。

8. 拾金不昧的保安

【谜题】

某小区的一位业主不小心遗失了自己的钱包，里面装着两千元现金。后来有一名保安拾到了钱包，主动上交到了物业中心。业主非常感动，向物业中心提出要感谢保安，可是保安却不肯出面，还谦虚地说这只是一件小事。

业主径直来到了保安值班室，想要找到拾金不昧的保安。恰好小区的四名保安赵、钱、孙、李都在值班室里，面对业主的询问，赵保安说："这件事与我无关，可能是老钱、老孙或老李做的。"

钱保安说："那天我并没有值班，可能是老孙做的。"

孙保安说："实话实说，不是我做的，我觉得可能是老赵或老钱做的。"

李保安说："老钱说的是事实。"

这时候，物业经理走了过来，对业主说："他们四个人只有两个人说的是事实。"

业主被弄糊涂了，他不知道自己到底该感谢哪一名保安。你能帮业主解决这个问题吗？

【解析】

假设钱保安说的是事实，那么拾金不昧的就是孙保安，那么赵保安、钱保安、李保安说的都是事实，与题设"他们四个人只有两个人说的是事实"矛盾，所以钱保安说的不是事实。那么李保安说的也不是事实，这样一来，赵保安和孙保安说的话就必须都是事实。

孙保安认为好事是赵保安或钱保安做的，但赵保安明确说出此事与自己无关，所以好事只能是钱保安所做，业主应当感谢的对象就是钱保安。

9. 缺勤的员工

【谜题】

某公司过年期间安排了陈明、李志远、蒋志杰、徐静四名员工值班。其间办公室的打卡机出现了故障，无法准确记录员工出勤状况。有一天，有一名员工缺勤，另外三名都按时出勤了。秘书小陈只能分别询问他们，以便记录出勤状况。

这四名员工的回答如下：

陈明说："缺勤的是李志远。"

李志远说："胡说！我明明每天都准时出勤。"

蒋志杰说："我晚来了一会儿，不过作为弥补，我也多加了一会儿班。"

徐静说："要是蒋志杰来了，那我就没来。"

如果他们四人中只有一人说了谎，那么秘书小陈应该记录谁缺勤呢？

【解析】

仔细阅读四个人的说法，我们会发现陈明和李志远的说法是刚好相反的，所以这两人中肯定有一人说了假话，一人说了真话。假设陈明说的是真话，那么缺勤的就是李志远。李志远所说的就成了假话，而蒋志杰、徐静说的都是真话，那么徐静也缺勤了，缺勤的员工就成了两人，这与题设"有一名员工缺勤"相矛盾，所以陈明说的是假话。

因为陈明说了假话，其他三名员工说的就都是真话，而蒋志杰肯定出勤了，徐静则没有出勤，所以秘书小陈应该记录徐静缺勤。

10. 谁做对了这道题

【谜题】

张武、刘娜、沈启阳一起参加了 2018 年的公务员考试，在考试中，他们遇到了一道难度特别大的逻辑题。考试结束后，三人马上聚在一起开始讨论这道题。等他们都说出了自己的解法后，张武沮丧地拍了拍自己的头，说："糟糕，我做错了！"刘娜却摇摇头说："张武的答案是正确的。"沈启阳也说："我觉得我做错了。"

站在一旁的老师听到了他们的对话后说道："你们三个人有一个人做对了，有一个人说对了。"

那么，你知道他们三人中到底谁做对了这道题吗？

【解析】

假设张武做对了题，那么张武的话就是错误的，刘娜的话是正确的，沈启阳的话也是正确的，可是这与老师说的"有一个人说对了"相矛盾，所以做对题的不是张武。

假设刘娜做对了题，那么张武的话就是正确的，刘娜的话是错误的，沈启阳的话是正确的，这也与老师的话矛盾，所以做对题的也不是刘娜。

假设沈启阳做对了题，那么张武的话是正确的，刘娜的话是错误的，沈启阳的话也是错误的，这与老师的话能够吻合，因此做对题的人就是沈启阳。

11. 猜猜手机的颜色

【谜题】

白领美琪在网上订了一部新的名牌手机，几个同事知道后，就问她买的是什么颜色的手机。美琪让大家猜一猜，同事岳佳说："肯定不是红色的。”乐华说：“我觉得不是金色就是宝蓝色。”白冰说：“是宝蓝色吧，我觉得那个型号新出的宝蓝色款特别漂亮。”

如果美琪购买的手机颜色就是同事们提到的颜色中的一种，而且三名同事的说法至少有一种是正确的，至少有一种是错误的，那么，你认为美琪的手机到底是什么颜色呢？

【解析】

假设白冰的说法是正确的，即手机是宝蓝色的，那么岳佳和乐华的说法也都是正确的，可是题干要求三名同事的说法至少有一种是错误的，逻辑出现了问题，所以美琪的手机不会是宝蓝色的。

假设手机是红色的，那么岳佳、乐华、白冰三人的说法都是错误的，这与题干要求三名同事的说法至少有一种是正确的相矛盾，所以美琪的手机也不是红色的。

假设手机是金色的，那么乐华的说法正确，岳佳、白冰的说法错误，这与题设能够吻合，所以美琪的手机就是金色的。

12. 猜猜他们的年龄

【谜题】

有三个好朋友甲、乙、丙在一起聚会，恰好遇到了一个熟人，大家就攀谈了起来。熟人随口问道：“你们三个今年多大啊？”

甲笑着说：“我 32 岁，比乙小 2 岁，比丙大 1 岁。”

乙连忙说：“我不是年龄最小的，丙和我差 3 岁，丙今年 32

岁了。”

丙摇着头说：“我比甲小，甲 33 岁，乙比甲大 2 岁。”

听完三人的话，熟人感到十分困惑，怎么也猜不出来他们的年龄。这时候乙说：“我忘了提醒你了，我们三人中刚才有个人想跟你开玩笑，所以说了一句假话。”

熟人想了想，终于猜出了三人的年龄。你知道他们的年龄到底是多少吗？

【解析】

分析三人所说的话，我们会发现甲、丙的话是互相矛盾的，甲说自己 32 岁，丙却说甲 33 岁，所以两人中必然有一人在说假话，而乙说的肯定是真话。

我们不妨先假设甲说的是真话，那么甲的年龄是 32 岁，乙是 34 岁，丙是 31 岁。可是这与乙说的丙 32 岁是矛盾的，所以甲说的是假话，丙说的才是真话。

根据丙的话，我们可以推出甲 33 岁，乙 35 岁，再加上乙说丙 32 岁，答案就完整了，而且这个答案也符合乙说的“我不是年龄最小的”“丙和我差 3 岁”等条件。

13. 生产进步奖

【谜题】

某工厂正在进行“生产进步奖”评比工作，参与评比的共有六个车间。工人们对评比结果非常关注，他们在工休时间常常讨论这个问题。

这天，工人甲说：“我觉得一车间或二车间能够得奖。”

工人乙说：“不管哪个车间得奖，三车间都不会得奖。”

工人丙说：“四、五、六车间都不可能得奖。”

工人丁说：“不见得吧，我觉得四、五、六车间肯定有一个会得奖。”

没过几天，厂长公布了评比结果，大家这才知道甲、乙、丙、丁四名工人中只有一人猜对了结果，你知道是谁猜对了结果吗？

【解析】

我们可以先假设得奖的是一车间或二车间，那么工人甲、工人乙、工人丙所说的话都是正确的，可这与“四名工人中只有一人猜对了结果”相矛盾，所以得奖的不是一车间或二车间。

再假设得奖的是三车间，那么工人甲、乙、丁所说的话都是错误的，只有工人丙所说的话是正确的，所以得奖的就是三车间，猜对这个结果的只有工人丙一人。

14. 这是什么溶液

【谜题】

化学教授陈炳宏老师正在教一群大学生辨认一种无色透明的溶液，它可能是氢氧化钠溶液、氯化钠溶液或稀盐酸溶液中的一种。

经过初步判断后，A 同学说："这不是氢氧化钠溶液，也不是氯化钠溶液。"

B 同学说："这不是氢氧化钠溶液，而是稀盐酸溶液。"

C 同学说："这不是稀盐酸溶液，而是氢氧化钠溶液。"

陈炳宏老师说："你们三个人中，有一个人两个判断都对；有一个人两个判断都错；还有一个人的判断是一对一错。"

那么，你能够猜出这瓶溶液到底是什么吗？

【解析】

假设 A 同学的两个判断都对，那么这瓶溶液就是稀盐酸溶液，则 B 同学的两个判断也是对的，这与陈老师的说法矛盾，所以 A 同学不可能两个判断都对。同样的道理，B 同学的判断也不可能全对。

假设 C 同学的两个判断都对，那么这瓶溶液就是氢氧化钠溶液，则 B 同学两个判断都错，A 同学两个判断一对一错，与陈老师的说法吻合，所以这瓶溶液就是氢氧化钠溶液。

15. 入职情况

【谜题】

陈可可、赵鑫磊、宋春辉是同一个宿舍的室友，三人参加了某大型企业的面试，因为三人表现不错，事后都收到了入职通知，不过他们入职的部门各不相同，有人事部、财务部和销售部。

其他室友不知道他们的入职情况，纷纷开始猜测：

室友甲说："陈可可精通财务，肯定被财务部录用；宋春辉口才好，肯定被销售部录用。"

室友乙说："陈可可性格活泼，肯定被销售部录用；赵鑫磊十分细心，肯定被财务部录用。"

室友丙说："陈可可善于沟通，肯定被人事部录用；宋春辉擅长计算，肯定被财务部录用。"

三人听完室友们的猜测，都笑了起来。陈可可说："你们每个人的猜测都只对了一半。"

根据上述条件，你能够猜出三人各自被哪个部门录用了吗？

【解析】

假设室友甲的推测前一半正确，后一半错误，那么陈可可就被财务部录用；这样室友乙推测的前半部分就是错误的，后半部分应当是正确的，可是这样就会出现两人同时被财务部录用的情况，与题设矛盾，所以陈可可不可能被财务部录用。

因此，甲推测的前半部分就是错误的，后半部分就是正确的，也就是说宋春辉被销售部录用；乙推测的前半部分是错误的，后半部分是正确的，也就是说赵鑫磊被财务部录用；那么陈可可就只能被人事部录用了。

因此本题的正确答案是陈可可被人事部录用、赵鑫磊被财务部录用、宋春辉被销售部录用。

16. 昨天与今天

【谜题】

邓辉想知道今天是星期几，他去问了身边的三个同事甲、乙、丙。这三人是这样回答他的：

甲说："不好意思，我忘记了，你去问乙和丙吧。"

乙说："我也不知道今天是星期几，但是我记得昨天是我说谎的日子。"

丙的回答和乙一模一样。

邓辉对这三名同事非常了解，他知道甲是从来不说谎的；而乙喜欢在星期一、星期二、星期三说谎，其他时间不说谎；至于丙则喜欢在星期四、星期五、星期六说谎，其他时间不说谎。

根据这些条件，你能够帮助邓辉猜出今天到底是星期几吗？

【解析】

在这道题目中，乙和丙的回答是一样的。假设他们说的都是真话，那么今天只有可能是星期天，而"昨天"就应当是星期六，然而在星期六乙说的是真话，这就与"昨天是我说谎的日子"矛盾了，所以乙和丙不可能同时说真话。

另外，由于乙和丙说假话的日子不重合，所以他们也不可能同时说假话。那么他们有可能一人说真话、一人说假话。假设乙说真话，丙说假话，也就是说"昨天"乙说假话而丙说真话，"今天"

乙说真话而丙说假话，所以今天只有可能是星期四。

为了更加确定，我们还可以假设乙说假话，丙说真话，也就是说“昨天”乙说真话而丙说假话，“今天”乙说假话而丙说真话，但是一个星期中没有哪一天能够满足这些要求，所以不可能是乙说假话、丙说真话。

因此，本题的正确答案就是星期四。

17. 拿错的笔记本

【谜题】

一天晚上，在一间自习室里，赵、钱、孙、李、王五名大学生坐在一起复习功课。突然之间，自习室停电了。在一片漆黑中，几人胡乱收拾了笔记本，匆匆忙忙离开。等他们回到宿舍后，才发现自己错拿了别人的笔记本，但是没有两个人相互拿错笔记本。

现在已知：

（1）赵拿走的不是钱的笔记本，也不是李的笔记本；

（2）钱拿走的不是孙的笔记本，也不是李的笔记本；

（3）孙拿走的不是钱的笔记本，也不是王的笔记本；

（4）李拿走的不是孙的笔记本，也不是王的笔记本；

（5）王拿走的不是赵的笔记本，也不是李的笔记本。

根据以上条件，你知道每个人拿走的是谁的笔记本吗？

【解析】

根据条件（1），赵拿走的可能是孙或王的笔记本；根据条件（2），钱拿走的可能是赵或王的笔记本；根据条件（3），孙拿走的可能是赵或李的笔记本；根据条件（4），李拿走的可能是赵或钱的笔记本；根据条件（5），王拿走的可能是钱或孙的笔记本。

假设赵拿走的是孙的笔记本，那么王拿走的只能是钱的笔记本，李拿走的只能是赵的笔记本，孙拿走的只能是李的笔记本，钱拿走的只能是王的笔记本，可是这与“没有两个人相互拿错笔记本”相矛盾，所以赵拿走的只能是王的笔记本。

那么钱拿走的是赵的笔记本，孙拿走的是李的笔记本，李拿走的是钱的笔记本，王拿走的是孙的笔记本。

18. 拿铁与摩卡

【谜题】

任明珠、李双双、田雨三位女士都很喜欢去咖啡厅喝咖啡，她们每天喝的不是拿铁就是摩卡。现在已知：

（1）如果任明珠点了拿铁，那么李双双点的就是摩卡。

（2）任明珠或田雨点的是拿铁，但是不会出现两人同时点拿铁的情况。

（3）李双双和田雨不会同时点摩卡。

根据上述条件，你知道她们三人中谁昨天点的是拿铁，今天点的是摩卡吗？

【解析】

根据条件（1）、条件（2），我们可以假设任明珠点的是拿铁，那么李双双点的就是摩卡，田雨点的也是摩卡，可这就与条件（3）矛盾了。因此任明珠点的是摩卡。

根据条件（2），田雨点的只能是拿铁。两人每天喝的咖啡是固定的，所以能够发生变化的只有可能是李双双，所以正确的答案就是李双双。

19. 多少人会打乒乓球

【谜题】

某公司有 87 名员工，这些员工在闲暇时都喜欢参加体育活动。现在已知：

（1）有的员工会打乒乓球；

（2）有的员工不会打乒乓球；

（3）3 位部门经理不会打乒乓球。

如果以上三个条件中只有一个是正确的，那么该公司有多少人会打乒乓球呢？

【解析】

假设该公司有的人会打乒乓球，有的人不会打乒乓球，那么条件（1）、条件（2）都是正确的，这与“三个条件中只有一个是正确的”相矛盾。因此该公司的员工要么都会打乒乓球，要么都不会打乒乓球。

假设该公司员工都不会打乒乓球，那么条件（2）、条件（3）都是正确的，这也与“三个条件中只有一个是正确的”相矛盾。

假设该公司员工都会打乒乓球，那么条件（1）正确，条件（2）和条件（3）都是错误的，与题设是吻合的，所以该公司的 87 名员工都会打乒乓球。

20. 谁会去参加宴会

【谜题】

某公司公关部门准备举办一次宴会招待国外的客户，其他部门也要派出代表参加这次宴会。

人事部门的小唐拿着名单到市场部门来统计人数。由于市场部门最近正在策划一个重要的项目，每个人都很忙碌。

部门经理田文凯说：“我也很想去，可是手头的任务太多，这样吧，如果到时候有空我就会去的。”

副经理何启刚说：“老田要是去的话，我就不去了，总得留个人处理这些问题。老田要是不去，我就去。”

员工李美华说：“我的工作流程都是何经理安排的，他去我就去，他不去，我也不去。”

员工赵毅说：“我的工作都是对田经理负责的，他去我就去。”

员工朱莉说：“李美华和赵毅无论谁去，我都得留下来，要不就乱套了。他们要是都不去，我才能去。”

小唐听完了他们的话，觉得非常费解，忍不住皱着眉头问："你们到底想叫我怎么填写名单啊？"

你能帮小唐算一算市场部门到底有多少人会去参加宴会吗？

【解析】

假设田文凯要去参加宴会，那么何启刚、李美华都不会去参加，赵毅会去参加，朱莉只在"李美华、赵毅都不去"的前提下才能去，所以最终参会的只有田文凯和赵毅两人。

假设何启刚要去参加宴会，那只能发生在田文凯不去的情况下，同时李美华也会去参加，而赵毅、朱莉不会参加，所以最终参会的只有何启刚和李美华两人。

假设朱莉要去参加宴会，那只能发生在李美华、赵毅都不去的情况下，而两位经理也只能有一人前去，所以最终参会的也不会超过两人。

同样的道理，无论假设谁去参加宴会，最终推出的结果都是只有两人参会，所以小唐只要在名单上记录"市场部门参会人数两人"即可。

21. 谁偷吃了面包

【谜题】

李老师是一个非常负责任的中学教师，经常对学生进行课后辅导。一天，李老师又留下了四个学习退步的学生陈东、朱明明、蒋方文、彭鑫，正要开始辅导，校长突然打来电话，要找李老师谈事情，李老师只好让四个学生先自己做练习。

二十分钟后，李老师回到了办公室，刚在椅子上坐下来，就发现办公桌抽屉被人动过了，里面放着的一袋面包也被人吃光了，只剩下了一个包装袋。

李老师很生气，就问四个学生是谁偷偷打开了办公桌抽屉，偷吃了面包。

陈东回答："是朱明明吃的。"

朱明明回答："是彭鑫吃的。"

蒋方文说："我不知道是谁吃的，反正不是我。"

彭鑫回答："朱明明在说谎，老师不要相信他。"

如果这四个学生中只有一个人说了真话，其他三人都在说谎，那么到底是谁偷吃了李老师的面包呢？

【解析】

假设陈东说的是真话，面包就是朱明明偷吃的。彭鑫说的就是真话，但这与题干规定的"其他三人都在说谎"矛盾，所以陈东说的是假话。

假设朱明明说的是真话，面包就是彭鑫偷吃的。蒋方文说的就是真话，但这也与题干矛盾，所以朱明明说的也是假话。同样的道理，蒋方文说真话的假设也不成立。

最后假设彭鑫说的是真话，那么朱明明就在撒谎，面包就不是彭鑫吃的。又因为蒋方文说的是假话，所以面包就是蒋方文吃的。

22. 纸箱中的食物

【谜题】

小林刚刚收到了快递送来的四只纸箱，这些箱子从外观上看几乎是一模一样的，重量也相差无几。小林看了看箱子上贴的标签，不由得笑了起来。原来这是她的姐姐从外地给她寄来的四箱食物，分别是一箱饼干、一箱蛋糕、一箱肉脯、一箱干果。不过姐姐存心想和妹妹开个玩笑，就用箱子上的标签出了一道逻辑题。

只见纸箱 A 的标签上写着："纸箱 B 里装的是饼干。"

纸箱 B 的标签上写着："纸箱 C 里装的不是饼干。"

纸箱 C 的标签上写着："纸箱 D 里装的是肉脯。"

纸箱 D 的标签上写着："这个标签是最后贴上去的。"

小林猜了半天，没有猜出纸箱里到底装的是什么。幸好这时姐姐给她打来了电话，说匆忙中把装干果的纸箱上的标签搞错了，不过其他纸箱上的标签都是正确的。这下小林恍然大悟，一下子就猜对了所有纸箱中装的食物。

你知道小林是怎么猜对的吗？

【解析】

假设纸箱 A 的标签是错误的，那么其他纸箱上的标签都是正确的。则 B、C 纸箱里都不是饼干，再加上 D 纸箱里是肉脯，所以饼干只能在 A 纸箱中，但这与"装干果的纸箱上的标签搞错了"矛盾。

所以纸箱 A 的标签肯定是正确的，即纸箱 B 里装的是饼干。

再假设纸箱 B 的标签是错误的，即纸箱 C 里装的是饼干，但这与刚才推出的纸箱 B 里装的是饼干矛盾，所以纸箱 B 的标签是正确的。

再假设纸箱 C 的标签是错误的，那么纸箱 D 里装的不是肉脯，纸箱 C 里装的应该是干果，纸箱 D 里装的应该是蛋糕，纸箱 A 里装的是肉脯，假设成立。

最后假设纸箱 D 的标签是错误的，那么其他纸箱的标签是正确的。则纸箱 D 里装的是干果，可这与纸箱 C 标签上的“纸箱 D 里装的是肉脯”矛盾，所以也不成立。

因此，纸箱中的食物分别是：A 肉脯、B 饼干、C 干果、D 蛋糕。

23. 被涂抹的通知

【谜题】

有一家工厂接到了一笔来自国外客户的大订单，为了不耽误工期，厂长让工人在厂门口的宣传栏里贴上了加班通知，号召全体员工牺牲休息时间努力生产，为厂里减轻压力。没想到通知刚贴出去一天，就在夜里被人用毛笔涂得面目全非。厂长非常生气，他经过一番调查，发现工人赵、钱、孙、李是昨天最后离开工厂的，而且他又听工人说涂抹通知的是两个人。

现在已知：

（1）赵和钱两人中只有一个参与了这件事；

（2）钱和李不可能一起去做这件事；

（3）孙要是去做这件事，李一定会同去；

（4）李要是没做这件事，那赵也没做。

根据上述条件，你能够帮厂长找出是哪两个人涂抹了通知吗？

【解析】

用假设法解题，假设钱参与了涂抹通知，那么根据条件（1），赵就没有参与，根据条件（4），李也没做这件事。又因为是两人一起涂抹通知，那么钱只能和孙一起做这件事，可是根据条件（3），孙要是去了，李也一定会去，那样就成了三人涂抹通知，所以假设不成立。

由此可见，只能是赵做了这件事，根据条件（4），李也参与了这件事，所以厂长要找的人就是赵和李。

24. 项目经理人选

【谜题】

某公司的一个产品小组正在竞聘项目经理，经过一番激烈的竞争后，人选最终确定下来。部门经理正准备来通知大家这个消息，几个员工却开始讨论了起来。

李悦溪说：“我猜是安雯当选，她的实力是我们之中最强的。”

安雯赶紧谦虚地说：“不会的不会的，我觉得不是我。”

谭健沮丧地说：“肯定不会是我当选，我什么水平我自己清楚。”

马川用肯定的语气说："我认为一定是张海洋当选，由他来带领小组，我最服气。"

张海洋说："我觉得是李悦溪，别看她资历浅，最近的表现却很出色呢。"

正在这个时候，部门经理走进了办公室，他说："你们的讨论我都听到了，你们几个人只有一个人说对了结果，其他四个人都猜错啦。"

这五个员工都很聪明，快速思考了两分钟，就知道了答案。那么，你知道是谁当选了项目经理吗？

【解析】

假设李悦溪说对了结果，那就是安雯当选，那"谭健认为自己不能当选"也是正确的，可这与题干规定"只有一个人说对了结果"矛盾，所以安雯并未当选。那么安雯的说法就是正确的，其他人的说法都是错误的。因此"谭健认为自己不能当选"就成了错误的结论，所以最终当选的人就是谭健。

25. 保险柜被盗之谜

【谜题】

一天早上，某公司总经理一打开自己办公室的门，就发现放在角落里的保险柜被人撬开了，里面的现金和一些重要票据已经被席卷一空。总经理立即报警，警方通过初步调查，考虑是内部人员作案，并指出总经理的两名秘书赵某、孙某和当天的值班保安刘某有很大的嫌疑，后经过排查出入人员名单，又锁定了一名嫌疑人——最后离开公司的员工齐某。

警方对这几名嫌疑人分别进行了讯问，秘书赵某很快指证了齐某，说齐某经常在总经理办公室外鬼鬼祟祟地观察。可是齐某坚决不承认，说自己是被冤枉的。之后另一名秘书孙某又指证说赵某才是真正的窃贼，而保安刘某一直声称此事与自己无关。

警方从这 4 个人身上无法获得突破，只好另外寻找线索。后来经过努力，案件终于告破，警方证实罪犯就在这 4 个人之中，而且是两人合伙作案。

如果这 4 个嫌疑人中有两人说了真话，两人说了假话，你知道以下哪项才是正确的吗？

A. 赵某、齐某合伙作案

B. 刘某、齐某合伙作案

C. 赵某、刘某合伙作案

D. 赵某、孙某合伙作案

【解析】

根据已知条件，秘书赵某和员工齐某所说的话是互相矛盾的，所以他们两人的话肯定有一个为真，一个为假。又因为题设要求“两人说真话，两人说假话”，所以秘书孙某和保安刘某所说的话也应当是一真一假。

假设秘书孙某说的是假话，那么赵某就不是窃贼；同时刘某说的是真话，那么刘某也不是窃贼；窃贼就只能是孙某和齐某了，但是 4 个选项中并没有该选项。

假设秘书孙某说的话为真，那么秘书赵某就是罪犯；同时刘某所说的话为假，刘某也应当是罪犯；这样两名罪犯确定后，秘书赵某指证齐某就成了假话，那么齐某所说与自己无关就是真话，所以作案人就是秘书赵某和保安刘某，正确答案是 C 选项。

26. 假冒伪劣商品检查

【谜题】

某市质监局开展了“假冒伪劣专项整治”行动，在对市区几个重要的购物中心和超市进行检查后，几位参与行动的队员得出了如下的初步结论：

队员甲：有的市场存在假冒伪劣产品。

队员乙：有的市场不存在假冒伪劣产品。

队员丙：甲大卖场和乙超市没有发现假冒伪劣产品。

如果最后的检查结果证明上述结论中只有一个正确，那么，以下哪个选项才是符合真实情况的呢？

A. 甲大卖场和乙超市都存在假冒伪劣产品

B. 甲大卖场和乙超市都不存在假冒伪劣产品

C. 甲大卖场存在假冒伪劣产品，乙超市不存在假冒伪劣产品

D. 甲大卖场不存在假冒伪劣产品，乙超市存在假冒伪劣产品

【解析】

假设队员丙的结论是正确的，那么乙的结论也应当是正确的，这与题设中要求“只有一个正确”矛盾，所以队员丙的结论是错误的。也就是说，这两个市场至少有一个存在假冒伪劣产品，那么队员甲的结论就是正确的。

由于三人的结论中只能有一个正确，所以队员乙的结论也是错误的，也就是说本次检查中涉及的所有的市场都存在假冒伪劣产品，因此A选项就是正确答案。

27. 影迷的比试

【谜题】

马文涛、谢冬梅、丁芳是好朋友，而且他们都是资深影迷，每个人都有非常可观的阅片量。有一天，他们把自己看过的电影整理了一番，比较了一下数量多少。另一个好朋友阮娜问他们结果如何，他们三人各说了三句话，不过每人说的三句话中都有一句是错误的，另外两句是正确的。

马文涛说：“我一共看过180部电影，比谢冬梅少40部，比丁芳多20部。”

谢冬梅说：“我的阅片量不是最少的，我和丁芳之间的差异有60部，丁芳看过240部电影。”

丁芳说：“我看的电影比马文涛少，马文涛看过200部电影，谢冬梅比他少60部。”

根据上述条件，你能够推算出他们每个人的阅片量是多少吗？

【解析】

分析三人说的这几句话，会发现马文涛说“我一共看过 180 部电影”与丁芳说“马文涛看过 200 部电影”是相互矛盾的，那么这两句话中必然有一句是错误的，有一句是正确的。

假设马文涛说的第一句话是正确的，那么他就看过 180 部电影；而丁芳的第一句话、第三句话是正确的，所以谢冬梅比马文涛少看 60 部，则谢冬梅看过 120 部电影；那么马文涛的第二句话就是错误的，第三句话就是正确的，所以丁芳看过 160 部电影。将这个结果代入谢冬梅的话，会发现谢冬梅的三句话全部错误，这与题干矛盾，所以马文涛的第一句话是错误的。

那么，马文涛就看过 200 部电影，而他说的另外两句话都是正确的，即谢冬梅看过 240 部电影，丁芳就看过 180 部电影。

将这些结果代入谢冬梅和丁芳的话中进行验证，可以发现谢冬梅的第三句话是错误的，丁芳的第三句话是错误的，这与题干也是吻合的，因此马文涛、谢冬梅、丁芳三人的阅片量分别是 200 部、240 部和 180 部。

28. 谁才是真正的朋友

【谜题】

朱亮是一个热爱交朋友的青年，他总是说自己“朋友遍天下”，其实经常和他保持联系的“朋友”只有9位，而且其中只有一位算得上是跟他心灵相通的好朋友。

一天，朱亮和甲、乙、丙、丁、戊、己、庚、辛、壬这9位“朋友”一起聚会，他们开始讨论起“谁才是真正的朋友”这个话题。

甲说：“我认为庚才是朱亮真正的朋友。”

乙说：“我也这么想。”

丙说：“我才是朱亮真正的朋友。”

丁说：“丙，你说得不对！”

戊说：“我认为朱亮真正的朋友是壬。”

己说：“反正不是我，也不是壬。”

庚说：“己说得没错，我完全同意。”

辛说：“丙说的才是事实。”

壬说：“我同意戊的意见！”

如果他们9个人说的话中只有四句是正确的，你能猜出朱亮真正的朋友到底是谁吗？

【解析】

本题可以按照常规的顺序对每个人所说的话的真假用假设法进行验证，但是会比较烦琐。所以我们不妨根据“只有四句是正确的”这个前提来进行更加简单的思考。比如，甲说庚是真正的朋友，我们可以假设它为真，那么说真话的就有甲、乙、丁、己、庚5人，与题设不符。

再如，丙说自己是朱亮真正的朋友，我们可以假设它为真，那么说真话的就有丙、己、庚、辛4人，恰与题设相符，所以丙才是朱亮真正的朋友。

29. 车辆限行问题

【谜题】

某市为了缓解交通压力，推出了机动车尾号限行的规定，每辆机动车星期一到星期五都要限行一天，周末则不限行。一家经常需要派遣员工外出的公司为了不耽误业务，购买了甲、乙、丙、丁、戊五辆汽车，保证每天至少有四辆车可以上路行驶。

现在已知：戊车星期四限行，乙车昨天限行，那么从今天算起，甲、丙两辆车都能够连续四天不限行，而戊车明天又可以上路。

根据这些条件，以下选项中哪一个是正确的呢？

A. 今天是星期四

B. 今天是星期六

C. 甲车星期三限行

D. 丙车星期五限行

【解析】

解答这道题目的时候，我们首先应当注意到甲、乙、丙、丁车的限行时间只能在星期一、星期二、星期三、星期五中确定。假设今天是星期六，那么“昨天”就是星期五，乙车限行，所以甲、丙、丁车的限行时间在星期一、星期二、星期三中确定，但星期一、星期二限行都无法满足“连续四天不限行”的条件，只有星期三一天能够满足条件，所以假设不成立，选项B不正确。

假设今天是星期四，那么“昨天”就是星期三，乙车限行，所以甲、丙、丁车的限行时间在星期一、星期二、星期五中确定。如果甲、丙车的限行时间为星期一、星期二，丁车的限行时间为星期五，是能够满足甲、丙车“连续四天不限行”的条件，所以假设成立，本题正确答案为A选项。

30. 演讲比赛的结果

某公司举办了一场演讲比赛，经过激烈的初赛、复赛后，只留下了赵、钱、孙、李4名选手参加决赛。在比赛正式开始之前，一些员工饶有兴趣地猜测了一下比赛的结果。

1号员工说：“我认为老赵的名次肯定是垫底，4个人中他的实力最弱。”

2号员工说：“我看好老李，他肯定能得第一。”

3号员工说：“老钱不是第二名，也不会是第四名。”

4号员工说：“老孙比老钱强一点，他的名次肯定在老钱的前面。”

比赛很快结束了，根据比赛结果，4名员工中只有一个人的预测是错误的，其他人的预测都是正确的。那么，你能根据这些条件为赵、钱、孙、李4名选手排出准确的名次吗？

【解析】

假设1号员工的预测错误，那么其他3名员工的预测都是正确的。也就是老李得第一，老钱只能得第三，而老孙要排在老钱前面，所以老孙只能得第二，那老赵只能得第四，显然结果与假设是互相矛盾的。

假设 2 号员工的预测错误，那么其他 3 名员工的预测都是正确的。也就是老赵得第四，老钱不是第一就是第三，但因为老孙要比老钱强，所以老钱只能是第三，老孙是第二或第一。又由于“老李得第一”是错误的，所以老孙是第一，老李是第二，整个逻辑推理过程没有出现矛盾之处。

假设 3 号员工的预测错误，那么其他 3 名员工的预测都是正确的。也就是老赵得第四，老李得第一，老钱只能得第二，否则会与假设矛盾，可是老孙又要排在老钱的前面，因此逻辑出现谬误，不能成立。

假设 4 号员工的预测错误，那么其他 3 名员工的预测都是正确的。也就是老赵得第四，老李得第一，老钱只能得第三，老孙只能得第二，但这又与假设“老孙不能排在老钱前面”矛盾，所以也不能成立。

因此，通过假设法解谜得到的正确答案就是：老孙第一名，老李第二名，老钱第三名，老赵第四名。

31. 失窃的名画

【谜题】

美国纽约有一家博物馆失窃，丢失了一幅价值连城的名画。

FBI通过调查，很快锁定了三名嫌疑人——保罗、乔治和吉姆。

为了尽快查出真相，FBI对这三人进行了隔离审讯，保罗和吉姆都不约而同地一再坚持说："名画不是我偷的。"乔治在犹豫再三后，交代说："名画是保罗偷的。"后来，FBI成功破获了这起案件，发现他们三人中只有一人说了真话，另外两人都在撒谎。

那么，你知道是谁说了真话吗？名画又是被谁偷的呢？

【解析】

用假设法来解题，假设乔治说的是真话，名画就是保罗偷的。那吉姆说的话应该是真话，但题设已经规定只能有一句真话，这样逻辑就出现了矛盾，因此乔治说的不可能是真话。

假设保罗说的是真话，那么偷名画的不是乔治就是吉姆。乔治说"名画是保罗偷的"就是在撒谎，而吉姆说名画不是他偷的，也是在撒谎，逻辑没有出现矛盾，名画就在吉姆手中。

32. 好朋友逛街

【谜题】

三个好朋友乐乐、甜甜和静静相约一起去逛街。在服装店里，她们兴致勃勃地试了很多衣服，最后满载而归。回家的路上，她们遇到了另外一个好朋友叶子，叶子问她们都买了些什么。三人想和叶子开玩笑，就没有直接告诉她答案。

乐乐对叶子说："考考你，看你能不能猜出我们每个人买的是什么。我先说，甜甜买的不是外套，静静买的不是长裤。”

甜甜说：“乐乐买的不是T恤，静静买的不是衬衣。”

静静说：“乐乐买的不是毛衣，静静买的是衬衣。”

乐乐还补充了一句：“我们每个人说的话里，有一半是真的，有一半是假的，你可不要被误导哦。”

叶子开动脑筋思考起来，没过一会儿她就猜到了答案。那么，你能猜到乐乐、甜甜、静静都买了什么吗？

【解析】

假设静静买的是衬衣，由于每个人的话都有一半真一半假，所以静静说的“乐乐买的不是毛衣”就是假话，那么乐乐买的就是毛衣。

同样，甜甜说“静静买的不是衬衣”是假话，那“乐乐买的不是T恤”就是真话；乐乐说“静静买的不是长裤”是真话，“甜甜买的不是外套”是假话，所以甜甜买的是外套。

33. 礼物盒之谜

【谜题】

美国有一位富商为了庆祝妻子的生日，特意花重金请工匠为她打造了一个十分精美的礼物盒。在这个礼物盒上，共有六个按钮，只有按照A、B、C、D、E、F的顺序按下按钮，盒子才能打开，妻子才能拿到里面的礼物。但是现在不知道哪个按钮才是A，哪个才是B……

富商的妻子是一个特别喜欢这种智力游戏的人，她信心百倍地对丈夫说：“你告诉我几个线索，让我猜猜该怎么按这个按钮。”

富商笑着对她说：“我只能告诉你，A 按钮在 B 按钮的左边，B 按钮在 C 按钮右边的第三个，C 按钮在 D 按钮的右边，D 按钮与 E 按钮挨在一起，E 按钮和 A 按钮中间隔着一个按钮。”

妻子听完之后，略思考了一会儿，就开始按照顺序按按钮了，只听“啪嗒”一声，盒子打开了，妻子看到里面放着一条光芒闪烁的钻石项链，非常开心地感谢了丈夫。

那么，你知道妻子是按照怎样的顺序打开礼物盒的吗?

【解析】

假设按钮顺序是 1 号、2 号、3 号、4 号、5 号、6 号，由于 B 按钮要在C右边第三个，所以符合条件的B按钮可能是4号、5号、6号。

假设 B 按钮是 4 号，C 按钮就是 1 号，可是题目规定 C 按钮左边还有 D 按钮，所以假设不成立，B 按钮不是 4 号。

假设 B 按钮是 5 号，C 按钮就是 2 号，D 按钮只能是 1 号，这样就无法满足“D 按钮与 E 按钮挨在一起”的条件了，所以 B 按钮也不是 5 号。

假设 B 按钮是 6 号，那么 C 按钮就是 3 号，C 按钮在 D 按钮的右边，所以 D 按钮不是 1 号就是 2 号。假设 D 按钮是 1 号，那么 E 按钮就是 2 号，E 按钮与 A 按钮中间隔着一个按钮，A 按钮就是 4 号，5 号就只能是 F 按钮了。

因此盒子上的按钮分别是 D、E、C、A、F、B，妻子按下按钮的顺序则是 4 号、6 号、3 号、1 号、2 号、5 号。

34. 古怪兄弟

【谜题】

马明到国外旅游，有一天他来到一个小镇，一不小心迷路了。他想找人问问回旅馆该怎么走，可是当地人说的是一种陌生的语言，马明没有办法跟他们沟通。好不容易听见有人在说英语，马明连忙走了过去，只见是两个长得很像的男孩正在路边闲聊。

马明用英语向他们问路，他们却笑嘻嘻地对他说："提醒你哦，我们是'古怪兄弟'，哥哥上午说真话，下午说假话。弟弟正相反，上午说假话，下午说真话。"马明赶紧看表，想知道现在有没有到下午，可是这才发现自己把手表忘在了旅馆里。

马明没有办法，只好问了他们两个问题。第一个问题："你们到底谁是哥哥。"男孩 A 说："我是。"男孩 B 说："我才是。"

第二个问题："现在是什么时候？"男孩 A 说："现在是上午。"男孩 B 说："不对，刚过 12 点，已经是下午了。"

马明思考了一会儿，终于找到了说真话的男孩，然后根据他指的路，顺利地回到了旅馆。

那么，你猜出谁是哥哥，谁是弟弟了吗？

【解析】

假设现在是下午，那么男孩 B 说的是真话，他就是弟弟，男孩A就是哥哥。可是将这个结果代入第一个问题中检验，就会出现矛盾，所以现在不可能是下午。因此男孩A说了真话，所以男孩A是哥哥，男孩B是弟弟，马明按照男孩A指的路就可以回到旅馆。

35. 贴错的标签

【谜题】

郑茜开了一家专门销售餐具的店铺，生意不错，每天顾客来来往往、络绎不绝。一天，郑茜正准备安排人手给客户送货，却发现负责打包的工人粗心大意，把三个包裹的标签都贴错了，要是都重新打开检查，肯定会浪费不少时间。

郑茜查了查订单，发现这三个包裹中一个全是餐盘，一个全是酒杯，还有一个是餐盘和酒杯的混合装。于是她想了想，挑出了一个包裹，从里面拿出一样餐具看了看，就立刻把所有的标签都换回来贴好了，事实也证明她确实贴对了。

你知道她是通过什么办法换对了标签吗？

【解析】

因为三个包裹的标签全部贴错了，所以我们首先可以确定一点：贴着“混合装”标签的包裹里现在肯定不是既有酒杯又有餐盘的搭配，而可能全部是酒杯，或者全部是餐盘。所以郑茜先挑出了这个包裹，从里面随意取出了一样餐具。

如果郑茜取出的是餐盘，那就说明这个包裹里肯定全是餐盘，郑茜可以把“餐盘”的标签贴在这个包裹上。剩下的两个包裹里，一个全是酒杯，一个是混合装。因为所有的标签都是错的，所以贴着“酒杯”标签的包裹里面肯定不会全是酒杯，而应当是混合装，所以郑茜就可以把“混合装”标签贴在这个包裹上，把“酒杯”标签贴在另一个包裹上，问题就解决了。

同样的道理，假设郑茜一开始取出的是酒杯，也可以按照这样的逻辑思考过程更换标签解决问题。

36. 珠宝在哪个盒子里

【谜题】

很久以前，有一个富裕的财主老爷准备为自己的独生女儿找一位品貌俱佳的丈夫。他在城里贴出了告示，顿时吸引了很多年轻人上门求亲。因为人选太多，财主一时难以抉择，便听从了女儿的建议，准备了金、银、铜三只精美的盒子，每只盒子的盖子上刻着一句话。

财主对来求婚的人说：“这三只盒子里，有一只放着我女儿最喜欢的珠宝首饰，你们可以根据那三句话猜猜首饰到底在哪只盒子里。我得先告诉你们，这三句话里最多只有一句是真的。好吧，你们赶快动脑猜吧，第一个猜对的就能迎娶我的女儿。”

这些年轻人赶紧围了过去，只见三只盒子上分别刻着这样三句话：

金盒子：我里面没有珠宝首饰。

银盒子：珠宝首饰在铜盒子中。

铜盒子：我里面没有珠宝首饰。

这个问题看似简单，可是在场的年轻人竟然没有一个人能答出来。最后还是一个从外地赶来的读书人解开了谜题，也赢得了财主女儿的芳心。那么，你知道珠宝首饰到底在哪个盒子中吗？

【解析】

我们可以通过假设法来解答这道题，已知三句话中最多只有一句是真的，那么可以假设有两种情况：

第一种：三句话全部都是假的，即真话数为0。

第二种：三句话中只有一句是真的，即真话数为1。

如果三句话全部为假话，那么金盒子和铜盒子上的话就会出现矛盾，所以三句话中必须有一句是真话。

若第一句话是真话，那么珠宝首饰就不在金盒子中；而第二句话是假话，珠宝首饰就不在铜盒子中，可是第三句话也是假话，就会出现互相矛盾的情况。

若第二句话是真话，那么珠宝首饰就在铜盒子中。可是第一句话又是假话，这样也会出现矛盾。

因此只有可能第三句话是真话，珠宝首饰不在铜盒子中。由于第一句话是假话，可以推出珠宝首饰就在金盒子中。

37. 谁和谁才是姐妹

【谜题】

公园里有四个女孩正在玩耍，她们分别是两对姐妹：小花和小雨是姐妹，珍珍和琪琪是姐妹。

这时候，走来一位老人，他以前见过这几个孩子，也知道她们是姐妹关系，但不知道谁和谁才是姐妹。于是他好奇地问："你们谁和谁是姐妹啊？"

几个女孩笑嘻嘻地看着老人，想跟他开个玩笑，就没有直接告诉他答案，而是说了这样四句话：

穿红裙的女孩说："有两条辫子的女孩是珍珍。"

有两条辫子的女孩说："戴蝴蝶结的女孩是琪琪。"

戴蝴蝶结的女孩说："戴太阳帽的女孩是小花。"

戴太阳帽的女孩说："有两条辫子的女孩不是琪琪。"

如果这四句话中，说到自己姐妹的话都是真实的，没说到自己姐妹的话都是假的。那么你能帮助这位老人找出谁和谁才是姐妹吗？

【解析】

假设穿红裙的女孩和有两条辫子的女孩是姐妹的话，那么戴蝴蝶结的女孩和戴太阳帽的女孩就应该也是姐妹。第一句话、第三句话都说到了自己的姐妹，应当是真实的，所以有两条辫子的女孩就是珍珍，戴太阳帽的女孩是小花；第二句话、第四句话没有说到自己的姐妹，应当是假话。可是有两条辫子的女孩确实不是琪琪，这就与第四句话是假话互相矛盾了，因此穿红裙的女孩和有两条辫子的女孩不可能是姐妹。

假设有两条辫子的女孩和戴蝴蝶结的女孩是姐妹的话，那么穿红裙的女孩和戴太阳帽的女孩就应该也是姐妹。第二句话说到了自己的姐妹，应当是真实的，所以戴蝴蝶结的女孩是琪琪，第一、三、四句话都没有说到自己的姐妹，应当是假话。同样，有两条辫子的女孩确实不是琪琪，与第四句话是假话也发生了矛盾，因此有两条辫子的女孩和戴蝴蝶结的女孩也不是姐妹。

由此可见，穿红裙的女孩应当和戴蝴蝶结的女孩是姐妹，有两条辫子的女孩应当和戴太阳帽的女孩是姐妹。

38. 脸被涂黑的大学生

【谜题】

某大学哲学系有三名特别喜欢辩论的大学生小赵、小钱、小孙。一天午休的时候，他们又因为一道逻辑题的答案争论起来。吵了半天没有结果，三人都觉得有些疲倦，就想先午睡一会儿，睡醒再接着辩论。

于是三人趴在教室里的桌子上睡着了，没过多久，有一个特别爱开玩笑的同学走了进来，看到他们都在熟睡，就拿起了一支黑色水彩笔，在每人脸上涂了几个黑块。

等到三人醒来后，一睁开眼就看到对方被涂黑的脸，不由得笑了起来。因为他们只能看到别人的脸被涂黑，所以一开始他们都以为自己“幸免于难”。可是突然间，小赵停止了发笑，因为他知道自己的脸也被涂黑了。你知道小赵是怎么想到这一点的吗？

【解析】

这道题可以用假设法中的反证法的思路来解答，假设小赵认为自己的脸没有涂黑，那么小钱、小孙都能够看到这个事实。而小钱本来认为自己的脸没有被涂黑，现在又看到小赵的脸也没有被涂黑，那么他就应该对小孙的发笑感到十分奇怪。因为小孙眼前是没有任何人的脸被涂黑的，他没有发笑的理由，可现在的事实是小钱对小孙的发笑并不觉得奇怪，这就是因为小钱觉得小孙是在笑小赵被涂黑的脸。由此可见，“小赵的脸没有被涂黑”的假设是不成立的，所以小赵才会知道自己的脸也被涂黑了。

39. 我戴的是黑头巾吗

【谜题】

在某公司举办的元旦晚会上，主持人邀请了三名员工甲、乙、丙上台玩游戏。主持人先请三人闭上眼睛，然后拿出了三条头巾，给三人戴在头上。

戴好后，主持人请三人睁眼，对他们说：“我给你们戴的头巾不是黑色就是红色，谁要是能够看到其他两人戴的都是红色头巾，就能够赢取二等奖；谁要是知道自己戴的是黑色头巾，就能够赢取一等奖。”

但事实上，主持人给三人戴的都是黑色头巾。他们互相打量了一会儿，都觉得有些迷惑。最后，三人中最聪明的甲开口了：“我知道我戴的是黑色头巾。”于是甲赢得了一等奖，你知道他是怎么进行逻辑思考的吗？

【解析】

甲可以用假设法中的反证法的思路进行思考，他先假设“自己头上戴的不是黑色头巾”，那么他头上就是红色头巾，那么乙看到的结果将是一红一黑，而丙并没有看到两条红头巾，所以乙会知道自己戴的是黑色头巾。但是乙并没有说出这一点以获得一等奖，可见“甲戴的不是黑色头巾”的假设是不成立的，所以甲才会知道自己戴的是黑色头巾。

40. 巧开保险柜

【谜题】

刘女士购买了一只保险柜存放自己的珠宝首饰，有一天她想要打开保险柜的时候，却发现自己忘记了密码，保险柜密码是 1~6 这 6 个数字。

现在已知：

（1）第一个数字是奇数，第四个数字是 1；

（2）第二个数字是偶数，但不是 6；

（3）条件（1）是正确的，而且第一个数字是 3，第三个数字是 2；

（4）条件（3）是正确的，而且第四个数字是 1；

（5）第一个数字和第二个数字的和是 7，第三个数字是 2；

（6）第五个数字不是 5，第六个数字不是 6。

如果上述条件中只有一个是错误的，你能够帮助刘女士推断出保险箱的密码是什么吗？

【解析】

用假设法中的反证法来进行推理，我们可以先假设条件（3）是错误的，那么条件（3）和条件（4）就都会出现错误，这与“上述条件中只有一个是错误的”矛盾，可见假设不成立。所以条件（3）是正确的，那么第一个数字就是 3，第三个数字就是 2。

再假设条件（4）是错误的，那么它的前半句话正确，后半句话就是错误的，第四个数字就不为 1，可是这样条件（1）也会出现错误，这也与“上述条件中只有一个是错误的”矛盾，可见假设不成立。所以条件（4）也是正确的，第四个数字就是 1。由此推出条件（1）也是正确的。

再假设条件（2）是正确的，那么第二个数字只能是 4，由此推出条件（5）也是正确的，所以这六个条件中只有条件（6）会是错误的，那么第五个数字就是 5，第六个数字就是 6。所以保险柜的密码应该是 3、4、2、1、5、6。

第二章

排除解谜：将假命题和无关信息排除在外

对于复杂的题干，我们不妨学学“排除法”，把不符合条件的选项或是对思考没有帮助的干扰信息逐个排除，最后剩下的就是正确答案。巧用排除法，能够提高我们解答逻辑题的速度，让我们的思维可以高速运转，从而能够达到事半功倍的效果。

41. 旅游目的地

【谜题】

叶子、小菊、冰儿正在安排自己的假日出行计划，已知她们三人中有一个要去云南丽江，有一个要去广西桂林，还有一个要去安徽黄山。

现在能够肯定的是叶子不去云南丽江，小菊不去安徽黄山，而冰儿既不去广西桂林，也不去安徽黄山，那么她们三人的旅游目的地分别是哪里呢?

【解析】

这是一道非常简单的逻辑题，我们可以用排除法来快速解答。因为冰儿的目的地已经排除了广西桂林和安徽黄山，那么她只能够去云南丽江。那么剩下的两人只能去广西桂林或安徽黄山，由于小菊的目的地排除了安徽黄山，所以她只能去广西桂林，那么叶子只能去安徽黄山了。

42. 七人拍照

【谜题】

七位多年不见的老同学甲、乙、丙、丁、戊、己、庚在一个聚会上重逢，他们带着激动的心情，准备一起拍照留念。不过他们中有几人在上学时关系特别亲密，所以在拍照时也要求站在一起。

其中乙要求和己站在一起，丙要求和戊站在一起，己要求和丙站在一起。最后经过一番商量后，丙决定站在 7 人的正中，同时乙要在丙的右边。

根据他们的要求，拍照时从左到右站位的顺序不可能是以下的哪一项呢？

A. 甲、丁、戊、丙、己、乙、庚

B. 庚、丁、戊、丙、己、乙、甲

C. 庚、甲、戊、丙、己、乙、丁

D. 丁、庚、戊、丙、乙、甲、己

【解析】

对于这道题，用排除法解答会非常简单。我们将四个选项代入题干，分别验证它们是否符合题干中的条件，这样很容易就能排除 A、B、C 三个选项。而 D 选项不符合“乙要求和己站在一起”及“己要求和丙站在一起”的条件，所以要选择不可能的站位方案，就要选择 D 选项。

43. 她们到底买了什么

【谜题】

有四个年轻女孩静茹、莎莎、子悦、唐琳在一家公司工作。一天中午，她们利用午休的时间去逛购物商场。这家商场一共有四层，而她们要买的东西——化妆品、零食、文具、服装，陈列在1层到4层。

已知静茹在1层买到了自己需要的商品，文具是在商场4层出售的；莎莎一进商场就直接去了2层，买了几包零食；唐琳挑选了半天，也没有买到自己喜欢的服装。

那么，你知道她们每个人到底要在商场的哪一层购买什么东西吗？

【解析】

根据已知条件，静茹去了1层，其他几个同事去了其他楼层购买零食、服装和文具，排除这几项后，1层售卖的商品只能是化妆品。

又因为莎莎去了2层，购买到了零食，其他两位同事去了其他楼层购买文具和服装，而文具在4层出售，排除这几项后，服装只能在3层出售。

所以，静茹在商场1层购买化妆品，莎莎在商场2层购买零食，唐琳在商场3层购买服装，最后剩下的人选只有子悦，所以子悦在商场4层购买文具。

44. 亲子游乐园

【谜题】

在游乐园的玩具区，有三位母亲王太太、李太太、郑太太带着自己的孩子正在玩耍（场地内没有其他人）。

现在已知：

（1）王太太不是小飞的妈妈，小飞穿着黑色的运动服；

（2）郑太太告诉小男孩彬彬要注意安全；

（3）李太太的孩子穿着一套黄色连体服；

（4）叫彤彤的女孩穿着一条红裙子。

根据上述条件，你能够准确地说出每位妈妈的孩子的名字和他们穿着的衣服吗？

【解析】

根据已知条件（1），王太太不是小飞的妈妈，而小飞穿黑色运动服；而条件（3）中李太太的孩子穿黄色连体服，所以用排除法可知王太太的孩子只能穿红裙子，她的孩子就是叫彤彤的女孩。

剩下的两个孩子，穿黄色连体服的是李太太的孩子，那么穿黑色运动服的小飞就只能是郑太太的孩子。

此时只有李太太孩子的名字没有确定，根据条件（2）知道还有一个孩子的名字叫彬彬，而场地内没有其他孩子，所以彬彬就是李太太的孩子。

因此本题的答案是，王太太是彤彤的妈妈，彤彤穿红裙子；李太太是彬彬的妈妈，彬彬穿黄色连体服；郑太太是小飞的妈妈，小飞穿黑色运动服。

45. 歌手演出服颜色

【谜题】

一场歌手大奖赛已经进入决赛阶段，冠、亚、季军将在何冰、陈洁如、严悦三位选手之间诞生。在这次比赛中，她们三人分别穿上了自己最喜爱颜色的演出服，这三种颜色是红色、白色和黑色。同时，她们的歌迷也都穿上了相同颜色的服装为她们打气加油。

现在已知：

（1）穿红色服装的歌迷比陈洁如的歌迷人数多；

（2）严悦的歌迷比穿白色服装的歌迷人数少；

（3）何冰的歌迷和穿红色服装的歌迷人数不相等。

根据上述条件，你能够猜到三位选手各穿着什么颜色的演出服吗？

【解析】

根据条件（1）、条件（3）可以推出，穿红色服装的歌迷既不是陈洁如的歌迷，也不是何冰的歌迷，由排除法可知他们就是严悦的歌迷。

又因为严悦的歌迷比陈洁如的歌迷多，而条件（2）中严悦的歌迷比穿白色服装的歌迷少，可见穿白色服装的歌迷肯定不是陈洁如的歌迷，那他们就是何冰的歌迷，所以穿黑色衣服的就是陈洁如的歌迷。

由于歌迷所穿的服装颜色与选手本人的演出服颜色相同，所以本题的正确答案是何冰穿白色演出服，陈洁如穿黑色演出服，严悦穿红色演出服。

46. 保洁员的职责

【谜题】

某小区有五名保洁员李大姐、刘大姐、孙大姐、唐大姐和宋大姐，每人负责1~7号楼的清扫、保洁工作，每栋楼只由一名保洁员负责，且每位保洁员至少要负责一栋楼的清洁工作。

现在已知：

（1）李大姐只负责1号楼、2号楼的清洁工作，不负责其他楼；

（2）刘大姐和孙大姐都不负责6号楼的清洁工作；

（3）如果唐大姐负责6号楼的清洁工作，则刘大姐也要负责3号楼的清洁工作；

（4）如果孙大姐负责4号楼的清洁工作，则刘大姐也要负责6号楼的清洁工作；

（5）宋大姐只负责7号楼的清洁工作。

根据以上信息，能够推出以下哪一项呢？

A. 孙大姐负责4号楼的清洁工作

B. 刘大姐负责3号楼的清洁工作

C. 唐大姐负责5号楼的清洁工作

D. 刘大姐负责4号楼的清洁工作

【解析】

根据条件（1），李大姐只负责1号楼、2号楼，根据条件（5），宋大姐只负责7号楼。又因为条件（2）规定刘大姐、孙大姐都不负责6号楼，排除其他人选后，6号楼只能由唐大姐负责。

再根据条件（3），唐大姐负责了6号楼，所以刘大姐负责3号楼。因此正确答案选择B。

47. 演员的年龄是多大

【谜题】

有一家四口都很喜欢看电影。一天，他们到电影院看了一部非常精彩的外国影片，对片中充满魅力的男演员赞不绝口。不过由于剧情需要，男演员画着浓妆，让人很难分辨他的真实年龄。

爸爸说："看他的演技这么好，肯定经过了长年苦练，我觉得他的年龄至少在35岁以上。"

妈妈说："你说得有道理。不过我觉得他的年龄不会超过40岁，因为他的身手还很敏捷。"

儿子说："你们是不是对年轻人有偏见，年轻人就没有演技好的吗？我猜他的年龄不会超过25岁。"

女儿说："那也太年轻了，我觉得他的年龄不会超过30岁。"

一家人争论了起来，后来还是儿子拿出了手机，上网查找了资料，才知道他们四个人中只有一个人说对了。

那么，你认为以下选项中判断正确的是哪个呢？

A. 儿子说得对

B. 女儿说得对

C. 男演员的年龄在 40 岁以上

D. 男演员的年龄在 35~40 岁

【解析】

这道题的题干比较复杂，我们可以通过对选项进行排除来快速解答。如果选项 A 正确，即男演员年龄不超过 25 岁，那么女儿说男演员年龄不超过 30 岁、妈妈说男演员年龄不超过 40 岁也是成立的，这样就与已知条件中的“四个人中只有一个人说对”矛盾了，所以排除 A 选项。同样的道理，B 选项也可以被排除。

如果 D 选项正确，那么爸爸、妈妈的说法都成立，也与已知条件矛盾，所以 D 选项也可以排除，最后剩下的答案就是 C 选项。

因此，采用排除法解谜，得到的正确答案是 C 选项。

48. 王汉强的存款

【谜题】

王汉强刚刚参加工作没多久，但是他花钱大手大脚，经常出现经济拮据的情况，有时还需要向同事借款才能熬过发工资前的一段时间。

一天，王汉强外出办事，几个同事小声讨论起来。甲说：“你们说王汉强能存下钱来吗？我觉得他最少有三千元的存款。”

乙说："不至于吧，我觉得他的存款至少有五千元。"

丙说："我估计他的存款到不了一万元。"

丁说："他的银行卡里怎么也得有超过一千元的存款吧。"

他们几个讨论了半天也没有统一意见，等王汉强回来以后，甲就小心地问了他这个问题，王汉强大大方方地说出了答案。他们这才知道四个人中只有一个人说对了。

根据上述条件，你认为以下选项中哪个是正确的呢？

A. 甲说得对

B. 王汉强的存款额在三千元到一万元之间

C. 王汉强的存款额还不到一千元

D. 丁说得对

【解析】

这道题目如果用假设法去解决，就会比较复杂，所以我们可以用排除法，解题的速度会更快，思路会更加清楚。

比如，我们先验证 A 选项，如果甲说得对，那么王汉强最少有三千元存款，那么丁说得也正确，这与题设矛盾，所以 A 选项应当被排除。

再来验证 B 选项，如果王汉强的存款在三千元到一万元之间，那么丙、丁说得都正确，所以 B 选项也要被排除。

再来验证 C 选项，如果王汉强的存款额还不到一千元，那么只有丙的说法正确，与题干相符，所以本题的正确答案就是 C 选项。

49. 年终奖问题

【谜题】

一家公司刚刚给员工发放了年终奖，每个员工都拿到了厚度不同的信封，里面装着一定数额的奖金，但大家都不知道别人拿到了多少钱。经过互相询问后，岳菊知道自己获得的奖金比陈思思多，而楚婷的奖金比李佳音多。

那么，根据下列假设中的哪一项，无法推出“岳菊的奖金也比李佳音的多”的结论呢？

A. 楚婷的奖金比陈思思的多

B. 陈思思的奖金比李佳音的多

C. 陈思思的奖金比楚婷的多

D. 陈思思的奖金和楚婷一样多

E. 岳菊的奖金不比楚婷的低

【解析】

我们可以按照排除法的思路来解答这道题目，在思考时可以将选项一个个代入题设中，看看是否能够推出该结论。比如，将条件B代入，陈思思的奖金比李佳音多，而岳菊的奖金比陈思思多，那么可以推出岳菊的奖金比李佳音多的结论，但题目要求的是选择“无法推出结论”的选项，所以可以排除B选项。

同样的道理，代入C、D、E选项也都可以推出“岳菊的奖金也比李佳音的多”的结论，所以这几项也可以排除，最后剩下的只有A选项，本题的答案就是A选项。

50. 孩子年龄排序

【谜题】

某大学的美国籍教授卡特先生有四个儿子。有一次，有位同事到卡特先生家做客，看到四个孩子，就问他们各自的年龄。

汤姆说：“杰克比伊桑小。”

杰克说：“我比汤姆小。”

伊桑说：“杰克不是老三。”

迈克尔说：“我是老大。”

卡特先生被四个孩子逗笑了，他赶紧给同事解释道：“我家的老大和老三很调皮，刚才说了假话，老二和老四说了真话。”

根据这段描述，你能够按照年龄从大到小的顺序，从以下选项中选出正确的一项吗？

A. 汤姆、杰克、伊桑、迈克尔

B. 汤姆、杰克、迈克尔、伊桑

C. 杰克、迈克尔、汤姆、伊桑

D. 迈克尔、杰克、汤姆、伊桑

【解析】

这道题用排除法解答是最为简单和快速的。因为卡特先生说“老大和老三说了假话”，可见迈克尔是老大的话，不可能承认自己是老大，所以迈克尔在说谎，而他又不是老大，那他只能是老三。

再观察四个选项，我们会发现只有 B 选项中迈克尔排在老三的位置，其他选项都不是，所以其他选项都要排除，最后剩下的正确答案就是 B 选项。

51. 竞赛的名次

【谜题】

某公司举办了一次有奖知识竞赛，员工们积极参加，最后决出的前五名在小赵、小钱、小孙、小李、小周这几名员工之间。

在名单公布之前，这几名员工开始猜测竞赛名次：

小赵说：“小钱应该是第三，小孙应该是第五。”

小钱说：“小李应该是第五，小周应该是第四。”

小孙说：“小赵应该是第一，小李应该是第四。”

小李说：“小孙应该是第一，小钱应该是第二。”

小周说：“小赵应该是第三，小李应该是第四。”

没过多久，竞赛名次就公布出来了，他们这才知道每个名次都有人猜对，而且没有并列的名次。

根据以上条件，请从以下选项中选出正确的竞赛名次：

A. 小钱第一、小赵第二、小孙第三、小李第四、小周第五

B. 小李第一、小孙第二、小钱第三、小周第四、小赵第五

C. 小孙第一、小钱第二、小赵第三、小周第四、小李第五

D. 小孙第一、小李第二、小赵第三、小周第四、小钱第五

【解析】

对于这道题目，我们可以将四个选项分别代入，通过排除法找到正确的选项，不过这样做可能会花费不少时间。所以我们不妨采用一种更加简单的排除法来解题：其关键点是“每个名次都有人猜对”，而第二名只被猜测了一次，所以这一次的结果肯定是正确的，因此小钱肯定排第二。那么选项中所有小钱不排第二的选项都可以被排除，最后得到的正确答案就是C选项。

52. 无人选择的数字

【谜题】

甲、乙、丙、丁四个好朋友在玩一个数字游戏。他们在9张卡片上分别写上了从1到9这九个数字，然后每人随意抽取两张，这样只剩下一张卡片无人选择。

看着自己手中的两张卡片，甲说：“我抽到的两个数字，加起来结果为10。”

乙说：“我抽到的两个数字，相减的结果为1。”

丙说：“我抽到的两个数字，相乘的结果为24。”

丁说：“我抽到的两个数字，相除的结果为3。”

根据他们给出的条件，你能够猜出无人选择的卡片上到底是什么数字吗？

【解析】

我们可以将甲、乙、丙、丁可能抽到的数字组合列举出来，再想办法一一排除，以得到最后的答案。

根据甲的话，他可能抽到的组合有（1、9）、（2、8）、（3、7）、（4、6）四种；

根据乙的话，他可能抽到的组合有（9、8）、（8、7）、（7、6）、（6、5）、（5、4）、（4、3）、（3、2）、（2、1）八种；

根据丙的话，他可能抽到的组合有（3、8）、（4、6）两种；

根据丁的话，他可能抽到的组合有（9、3）、（6、2）、（3、1）三种。

因为丙可能的组合是最少的，我们不妨从这两种组合进行突破。假设丙抽到了（3、8）组合，那么丁需要排除含有这两个数字的组合，所以丁只能抽到（6、2）组合；甲需要排除这四个数字的组合，所以甲只能抽到（1、9）组合；乙需要排除这六个数字的组合，所以乙只能抽到（5、4）组合，因此，无人选择的数字就是 7。

我们也可以继续假设丙抽到的是（4、6）组合，那么丁抽到的可能是（9、3）或（3、1）组合。如果丁抽到的是（9、3）组合，则甲抽到的是（2、8）组合，但乙没有可抽的组合；同样，如果丁抽到的是（3、1）组合，乙也没有可抽的组合。所以丙只可能抽到（3、8）组合，所以无人选择的数字只可能是 7。

53. 麻辣小龙虾

【谜题】

沈清和他的妻子请朋友们吃夜宵，大家一致决定去吃麻辣小龙虾。恰好这几个朋友是三对夫妻，加上沈清夫妇，一共有四对夫妻。

在这四对夫妻中，四位妻子彭欣、李丹阳、朱莉、丁琪分别吃了3只、2只、4只、1只小龙虾；而在四位丈夫中，沈清吃的小龙虾和妻子吃的一样多；朋友宋文浩吃的小龙虾是他妻子吃的两倍；朋友庄秦吃的小龙虾是他妻子的三倍，朋友关礼斌吃的小龙虾是他妻子的四倍。

吃完了小龙虾，沈清结账时一数，发现大家共吃了32只小龙虾。

那么，你能根据这些信息推出谁是谁的妻子吗？

【解析】

根据题干可知四位妻子共吃了3+2+4+1=10（只）小龙虾，那么她们的丈夫就吃了32−10=22（只）小龙虾。为此，我们可以排除掉（朱莉+关礼斌）、（朱莉+庄秦）、（彭欣+关礼斌）这几种组合，因为在这几种组合成立的前提下，其他夫妻无论如何搭配，22只小龙虾都是不够分配的。

又因为小龙虾的总数是偶数，所以彭欣或丁琪的丈夫可能是（宋文浩／关礼斌）或（沈清／庄秦），其他组合都可以排除。但之前彭欣的丈夫是关礼斌的情况已经被排除，所以可能的组合有三种

（彭欣 + 宋文浩、丁琪 + 关礼斌）（彭欣 + 沈清、丁琪 + 庄秦）（彭欣 + 庄秦、丁琪 + 沈清）。分别代入计算，发现只有（彭欣 + 沈清、丁琪 + 庄秦）可以让四位丈夫所吃的小龙虾达到 22 只，这时李丹阳与关礼斌组合，朱莉与宋文浩组合。

因此，本题的正确答案是，彭欣是沈清的妻子，朱莉是宋文浩的妻子，丁琪是庄秦的妻子，李丹阳是关礼斌的妻子。

54. 雷洁的猜数字游戏（一）

【谜题】

一天，逻辑爱好者雷洁对自己的好朋友张敏说：“我现在正在想着一个数字，它在 200 和 800 之间。我再告诉你几个条件，你来猜猜看它是什么数字吧？”

张敏对这个问题很感兴趣，连忙问雷洁有什么条件。

雷洁给出的条件如下：

（1）这个数字比 400 小；

（2）这个数字是一个平方数；

（3）这个数字是一个立方数。

在张敏开始冥思苦想的时候，雷洁又补充了一句：“我刚才说的这三个条件中有一个是错误的，但这个数的首位数字是 5、7、9 中的一个，这一点是肯定的。”张敏思考了一会儿，没有找到答案。

那么，你能帮张敏从以下几个选项中找出正确答案吗？

A. 256　　B. 375　　C. 514　　D. 729

【解析】

我们可以用排除法来快速地解答这道题目。根据条件（1），此数小于400，但雷洁又肯定地说此数的首位数字只能在5、7、9中选择，因此条件（1）是错误的说法，由此可以排除选项A和选项B。

又因为三个说法中只有一个错误，所以条件（2）、条件（3）是正确的说法，我们要找的数字既是平方数，又是立方数。而选项C不是平方数，也不是立方数，所以也要排除。最后剩下的就是D选项，它的平方根是27，立方根是9，而且大于400。

因此，本题的正确选项就是D。

55. 雷洁的猜数字游戏（二）

【谜题】

一天，雷洁又和张敏一起玩猜数字的游戏，这次要猜的数字是个四位数。雷洁没有告诉张敏任何条件，让张敏随便猜，如果张敏猜的四位数的数字和位数都正确，就记为一个“☆”，如果数字对，但位数不对，就记为一个“○”。比如，雷洁想的数字是8765，如果张敏猜的数字是4367，其中“6”是数字和位数都对的，“7”是数字对，位数不对的，就记为1个☆，1个○。

张敏开始发挥自己的想象力猜了起来，她一共猜了五次，具体情况如下：

（1）第一个数字是9856，雷洁说有1个☆，1个○；

（2）第二个数字是6972，雷洁说有1个☆，1个○；

（3）第三个数字是 3058，雷洁说有 1 个☆，1 个○；

（4）第四个数字是 4732，雷洁说有 2 个○；

（5）第五个数字是 8369，雷洁说有 2 个○。

连续猜了五次都没有猜对，张敏正想放弃。雷洁却忽然一拍脑袋说：“糟糕，我刚才搞错了一个数字，就是 4732 应该有 1 个☆，1 个○。”

张敏一听就笑了，她说：“我知道你让我猜的是什么数字啦！”

那么，你能够从以下几个选项中选出这个数字吗？

A. 1570　　B. 4253　　C. 6753　　D. 2951

【解析】

这道题如果用假设法、演绎法解答，步骤会十分烦琐。为了节省时间，我们不妨采用排除法，把选项中的答案一一代入题目中去验证，就能够找到正确的答案。比如，我们可以将 A 选项 1570 代入题目中，9856 对于 1570，没有数字和位数都正确的情况，所以可以排除 1570。

按照同样的办法，我们可以排除 B 选项和 D 选项，最后剩下的就是 C 选项。所以本题的正确答案就是 C 选项。

56. 出差的员工

【谜题】

某公司的销售部门准备安排员工到外地出差，由于人选还没有最终确定，几名员工开始讨论起来。

谢文说："如果派我去的话，也会派刘辉去。"

刘辉说："如果派我去的话，也会派周海定去。"

周海定说："如果派我去的话，也会派尚志去。"

如果他们三个人的说法都正确，但谢文、刘辉、周海定、尚志四人中只有两个人出差，你知道出差的是哪两个人吗？

A. 谢文、刘辉

B. 谢文、周海定

C. 周海定、尚志

D. 刘辉、尚志

E. 谢文、尚志

【解析】

用排除法将每个选项代入题设中验证。比如，A 选项派谢文出差，那么刘辉、周海定、尚志也会被派出，这样就成了四个人全部被派出，与"四人中只有两个人出差"矛盾，所以 A 选项应当被排除；同样，含有"谢文"的 B 选项、E 选项也要被排除。

D 选项中派出了刘辉，那么周海定也会被派出，加上尚志就成了三个人出差，也与题设矛盾，所以 D 选项也被排除。最后剩下的正确答案就是 C 选项。

57. 夫妻友谊赛

【谜题】

臧东阳、付玉涛、丁磊三个人是好朋友，他们经常一起聚会，有时还会带上自己的妻子。有一次，他们三人不约而同地带来了妻子，三对夫妇决定进行一次桥牌友谊赛。不过为了公平起见，大家约好夫妻两个不能分在同一组。

以下是他们分组的结果：

（1）臧东阳和于倩在一组；

（2）付玉涛的队友是丁磊的妻子；

（3）叶文静的丈夫和朱琳在一组。

根据这些分组结果，请从以下选项中选出正确的一项：

A. 臧东阳和朱琳是夫妻，付玉涛和叶文静是夫妻，丁磊和于倩是夫妻

B. 臧东阳和叶文静是夫妻，付玉涛和于倩是夫妻，丁磊和朱琳是夫妻

C. 臧东阳和朱琳是夫妻，付玉涛和于倩是夫妻，丁磊和叶文静是夫妻

D. 臧东阳和于倩是夫妻，付玉涛和朱琳是夫妻，丁磊和叶文静是夫妻

【解析】

采用排除法解答此题，我们可以马上排除 D 选项，因为题目规定夫妻不能在一组，而条件（1）中臧东阳和于倩在一组，所以他们肯定不是夫妻，D 选项就是错误的。

假设 A 选项正确，根据条件（2），会推出付玉涛的队友是于倩，这与条件（1）矛盾，所以 A 选项也要排除。

假设 B 选项正确，条件（3）会推出臧东阳与朱琳在一组，这

与条件（1）矛盾，所以B选项也要排除。因此本题的正确答案就是C选项。

58. 交通工具的选择

【谜题】

快要过年了，在广东打工的三名同乡春子、大刚和广德开始安排回家的计划，他们可以选择坐飞机、坐高铁或者坐大巴回老家。

他们三人对交通工具有各自不同的要求：

（1）春子觉得机票太贵，他想，要是大刚和自己一起走，就坐大巴回老家；

（2）大刚对刚开通的高铁很感兴趣，他想，要是高铁票比飞机票便宜，那还不如坐高铁回家；

（3）广德想坐飞机回家，他最近一直在关注天气，如果预报雨雪天气不严重，就决定买飞机票了；

（4）大刚和广德是从一个镇子来的，广德还对大刚说："要是航班时间合适，我们一起坐飞机回家吧。"大刚也同意了。

如果他们三人的要求都能得到满足，以下哪项会是正确的呢？

A. 如果三人都坐飞机回老家，说明飞机票比高铁票便宜

B. 如果三人都坐大巴回老家，说明预报雨雪天气比较严重

C. 如果大刚没坐飞机，也没坐高铁，说明他和春子一起坐大巴回老家

D. 如果大刚和广德坐飞机回老家，说明雨雪天气不严重

E. 如果春子和广德坐高铁回老家，说明雨雪天气比较严重

【解析】

我们可以逐一验证选项的正确性，继而排除无法成立的选项。比如，A 选项，三人都坐飞机，说明大刚没坐高铁，这有可能是高铁票比飞机票贵，也有可能是高铁票和飞机票价格一样，所以无法确定飞机票是否便宜，A 选项可以排除。

再看 C 选项，大刚没有坐飞机或高铁，说明他肯定是坐大巴回家的，但是会不会和春子一起坐，却是不能确定的，所以 C 选项可以排除。

还有 D 选项，广德坐飞机回老家，说明“预报”雨雪天气不严重，我们要注意到“预报”二字，它无法说明雨雪天气实际严重与否，所以此项也要排除。同样的道理，E 选项也可以排除。

因此，本题的正确答案就是 B 选项。

59. 工作人员姓名

【谜题】

某电视台派出了一个四人小队去街头拍摄社会新闻，其中包括记者、编导、摄像师和录音师各一名。已知四人坐着一辆小轿车出发，罗晶晶是一名女性，她坐在录音师的斜对面；坐在右边后车座名叫文涛的男记者不姓田；姓熊的摄像师不叫志伟，而编导没有坐在左边后车座上；瑞云不姓马。

请问，你能根据上述条件推导出这四人的全名以及对应的职业吗？

【解析】

已知摄像师姓熊，坐在右边后车座的记者是男性，因此可以排除罗晶晶（女性）是摄像师和记者的可能性，再加上她坐在录音师的斜对面，所以她只能是编导。

又因为编导不在左边的后车座上，而右边的后车座被男记者占据，所以编导只能坐在前排，坐在她斜对面的录音师只能坐在后排，也就是只能坐在左边的后车座上，那么编导就只能坐在右边的前车座上，而摄像师只能坐在剩下的位置即左边的前车座上。

已知男记者不姓田，而熊姓、罗姓分别被摄像师和编导占据，可知男记者只能姓马，全名为马文涛。

摄像师的名字在排除志伟、文涛和晶晶后，只剩下瑞云，所以摄像师的全名是熊瑞云。最后我们再排除所有被占据的姓和名，就可以得到录音师的名字是田志伟。

60. 专业技能考试结果

【谜题】

某工厂对一线操作工人进行了一次专业技能考试。考试结束几天后，成绩还没有公布，心急的员工小郑就向工会主席陈姐打听成绩。

小郑用试探的语气对陈姐说："陈姐，这次考试不太难，我估计我们车间的同事成绩都能在 65 分以上吧。"

陈姐对他说："你这句话有意思，前半句没问题，后半句可就不对了。"

根据陈姐的意思，你认为以下哪项是正确的呢？

A. 有的员工成绩在 65 分以上，有的在 65 分以下

B. 有的员工成绩在 65 分以上，有的在 60 分以下

C. 这次考试太难，多数员工成绩不理想

D. 这次考试考到 65 分才算过关，肯定有员工没有过关

【解析】

我们可以用排除法解决这道谜题，根据陈姐的判断，小郑说"这次考试不太难"是正确的，这与 C 选项说的"考试太难"矛盾，所以 C 选项可以被排除。

又因为陈姐认为小郑说的"所有同事都考到 65 分以上"是不对的，再结合"考试不难"的前提，就说明少数员工的成绩在 65 分以下，多数成绩在 65 分以上，A 选项只说是"有的"同学，属于语义不妥，所以 A 选项也要被排除。

再来看 B 选项，根据陈姐的话是无法判断有没有员工成绩在 60 分以下的，所以 B 选项也要被排除。这样就只剩下 D 选项，D 选项对于"过关"的条件给出了界定，根据陈姐的意思，肯定是多数员工过了关，少数没过关，所以 D 选项是合理的。

因此本题的答案就是 D 选项。

61. 挑食的一家人

【谜题】

有一家四口到餐馆吃饭，他们对于食物的口味非常挑剔，每个人都有不喜欢吃的菜，所以在点菜的时候他们争论了十几分钟。最终，他们达成了一致，打算按照下面的方案点菜：

（1）只有点地三鲜，才能点锅包肉；

（2）不能点炖腔骨，除非点松仁玉米；

（3）如果点小鸡炖蘑菇，就不能点锅包肉；

（4）在炖腔骨和小鸡炖蘑菇中必须点一个，并且最多只能点一个。

这时候，服务员推荐他们点锅包肉，说这是餐馆的招牌菜，这家人接受了服务员的建议。那么以下哪一项会是他们点菜的组合呢？

A. 锅包肉、地三鲜、炖腔骨

B. 锅包肉、炖腔骨、松仁玉米、小鸡炖蘑菇

C. 锅包肉、地三鲜、炖腔骨、松仁玉米

D. 锅包肉、地三鲜、松仁玉米

【解析】

根据题干，锅包肉是必点的菜，但是根据条件（3），小鸡炖蘑菇与锅包肉不能同时点，所以选项 B 被排除。

再根据条件（4），炖腔骨和小鸡炖蘑菇必须点一个，由于小鸡炖蘑菇已经被排除，所以炖腔骨是必点的菜，即点菜的组合中还要

有炖腔骨，因此选项 D 也要被排除。

再根据条件（2），松仁玉米和炖腔骨需要同时点，所以点菜的组合中还要有松仁玉米，为此选项 A 也要被排除。

此时只剩下选项 C，所以本题的正确答案就是选项 C。

62. 校友聚会

【谜题】

一所大学举办了一次校友聚会，在这次聚会上，有三位老校友蓝杰、韩伟明、程毅取得的成就最为显著，吸引了在场所有人的目光。他们分别是一位著名的院士、一位杰出的企业家和一位多次荣获全国性大奖的小说家。

现在已知：

（1）这三位老校友分别毕业于物理系、工商管理系和英语系；

（2）企业家已经邀请毕业于英文系的校友到公司参观；

（3）毕业于工商管理系的校友请院士为自己签名；

（4）企业家和毕业于工商管理系的校友目前居住于同一个省；

（5）韩伟明曾经在校刊上看到过毕业于物理系的校友写的文章；

（6）毕业于工商管理系的校友、韩伟明和程毅将共同出席一个重要会议。

根据上述条件，请判断以下哪个说法是正确的？

A. 程毅是企业家，蓝杰毕业于工商管理系

B. 韩伟明毕业于物理系

C. 蓝杰毕业于物理系

D. 英文系毕业者是企业家

【解析】

这道题表面上看比较复杂，但用排除法逐一去掉不符合条件的选项，问题就会迎刃而解。比如，根据条件（5），韩伟明肯定不是毕业于物理系的，所以可以排除 B；再根据条件（6），毕业于工商管理系的校友肯定不是韩伟明和程毅，那他就只能是蓝杰，所以选项 C 也不正确，可以排除。

再根据条件（2），企业家不是毕业于英文系的，所以排除 D 选项，最后剩下的 A 选项就是正确答案。

63. 血型的疑问

【谜题】

人的血型通常有 A 型、B 型、O 型、AB 型这几类，不同血型的人结合，孩子的血型也会出现不同的变化，其规律可以参考下表：

血型遗传规律表		
父母血型	子女会出现的血型	子女不会出现的血型
O 与 O	O	A、B、AB
A 与 O	A、O	B、AB
A 与 A	A、O	B、AB
A 与 B	A、B、AB、O	——

续表

血型遗传规律表		
父母血型	子女会出现的血型	子女不会出现的血型
A 与 AB	A、B、AB	O
B 与 O	B、O	A、AB
B 与 B	B、O	A、AB
B 与 AB	A、B、AB	O
AB 与 O	A、B	O、AB
AB 与 AB	A、B、AB	O

现在有苗苗、佳佳、芳芳三个孩子，她们的血型依次是 O、A、B，她们的父亲和母亲血型都是相同的，而且三对父母的血型各不一样，分别为 A 型、O 型、AB 型中的一种。那么三对父母各是什么血型呢？

【解析】

这道题可以采用排除法、假设法来解答。根据条件，每个孩子的父母是同血型的，那么只有可能是 O+O 组合、A+A 组合、B+B 组合、AB+AB 组合，其他组合都要排除。但题设又限定了三对父母的血型在 A 型、O 型、AB 型中，所以 B+B 组合也要排除。

再根据血型规律表，O+O 组合的孩子肯定为 O 型血；A+A 组合的孩子可能为 A 型或 O 型；AB+AB 组合的孩子可能为 A 型、B 型或 AB 型。接下来我们可以结合假设法的思路继续解题：

假设苗苗的父母为 O+O 组合，那么苗苗的血型为 O 型，与题设相符；又由于每对父母的血型不一样，所以佳佳的父母是 A+A 组合，那么芳芳的父母就是 AB+AB 组合。

我们也可以进行其他假设，但都会与题设出现矛盾，只有上面的假设才能成立，所以正确答案就是苗苗的父母都是 O 型血，佳佳的父母都是 A 型血，芳芳的父母都是 AB 型血。

64. 会说外语的游客

【谜题】

在一座旅游城市，有一天，有四位来自德国、法国、俄罗斯、西班牙的游客尤尔根、佛朗索瓦、瓦西里和迭戈陆续在一家五星级宾馆入住。

就餐的时候，他们几人热情地攀谈起来，尽管他们的国籍不同，但他们中的每人除会说自己的母语外，还能够说其他三国语言中的一种，所以他们交流起来并不算特别困难。

现在已知：

（1）有一种语言三个人都会说，但没有一种语言是四个人都会说的；

（2）佛朗索瓦不会说德语，但是尤尔根和瓦西里交谈的时候，他能给他们当翻译；

（3）尤尔根是俄罗斯人，迭戈不会说俄语，但他们却能毫无困难地交流；

（4）佛朗索瓦、瓦西里、迭戈三人在交谈时，找不到一种三人都会的语言；

（5）四个人中没有一个既能说俄语，又能说法语。

根据上述条件，你知道这四个人会说的语言分别是哪一种吗？

A. 尤尔根会说俄语、西班牙语；佛朗索瓦会说法语、西班牙语；瓦西里会说德语、西班牙语；迭戈会说德语、法语

B. 尤尔根会说俄语、西班牙语；佛朗索瓦会说法语、西班牙语；瓦西里会说德语、法语；迭戈会说德语、西班牙语

C. 尤尔根会说俄语、法语；佛朗索瓦会说德语、西班牙语；瓦西里会说德语、西班牙语；迭戈会说俄语、德语

D. 尤尔根会说俄语、法语；佛朗索瓦会说德语、西班牙语；瓦西里会说法语、西班牙语；迭戈会说俄语、西班牙语

【解析】

根据条件（5），每个人都不可能既说俄语，又说法语，而且条件（2）中佛朗索瓦又不会说德语，所以选项 C 和选项 D 可以直接排除。又根据条件（3），得知尤尔根是俄罗斯人，肯定会说俄语，而且尤尔根与迭戈能够交流，所以有一种除了俄语之外的语言是两人都会说的，而选项 A 中两人的语言完全不同，所以排除选项 A，最后剩下的选项 B 就是正确答案。

小提示：这道题也可以用假设法来解答，但由于题目线索太多，在解答的时候会花费较多时间，思维过程也会更加复杂，所以我们采用排除法，就可以最为方便和快捷地找到正确答案。

65. 猜猜三人的高跟鞋颜色

【谜题】

三位年轻女士小白、小黄、小蓝在下班的路上偶遇，她们惊讶地发现三人穿着的高跟鞋也恰好是白、黄、蓝三种颜色。其中穿着白色高跟鞋的女士说：“真有意思，我发现我们中没有一个人的鞋的颜色和自己的姓表示的颜色相同。”小黄听到这话后，赶紧低头看看，笑着说：“是啊！”

根据这段叙述，你认为以下哪项结果是正确的呢？

A. 小黄穿白色高跟鞋，小白穿蓝色高跟鞋，小蓝穿黄色高跟鞋

B. 小黄穿白色高跟鞋，小白穿黄色高跟鞋，小蓝穿蓝色高跟鞋

C. 小黄穿蓝色高跟鞋，小白穿黄色高跟鞋，小蓝穿白色高跟鞋

D. 小黄穿黄色高跟鞋，小白穿蓝色高跟鞋，小蓝穿白色高跟鞋

【解析】

由于两个对话人一个是“穿白色高跟鞋的女士”，一个是“小黄”，可是推理出小黄肯定不穿白色高跟鞋，因此可以排除 A、B 两个选项；再根据“没有一个人的鞋的颜色和姓表示的颜色相同”，可以排除 D 选项，因为 D 选项中“小黄穿黄色高跟鞋”就与叙述不符。

因此，采用排除法解题，可以得到正确答案是 C 选项。

66. 谈判人选问题

【谜题】

某公司准备和一个大客户进行业务谈判，由于这次谈判的议题非常重要，所以公司高层对谈判人选的选择也十分慎重。

在一次董事会上，几位高层领导就这个问题发表了自己的意见：

董事长说："要是不派方明去的话，就不要派马志成去了。"

副董事长说："要是不派马志成去的话，就选方明去吧。"

总经理说："要么选方明去，要么选马志成去。"

在下列选项中，哪个方案能够让三位领导都满意呢？

A. 选方明，不选马志成

B. 选马志成，不选方明

C. 方明和马志成都去

D. 方明和马志成都不去

【解析】

我们可以将每个选项与三位领导的意见作对比，然后排除不符合的选项。比如，选项 B"选马志成，不选方明"就与副董事长的意见截然相反，所以可以排除选项 B；同样，选项 C 和总经理的意见冲突，选项 D 和副董事长、总经理的意见都有冲突，所以也应当排除；最后只有选项 A 不会与三位领导的意见发生冲突，所以正确答案是 A。

67. 七个孩子的家庭

【谜题】

在德国汉堡市有这样一个大家庭，爸爸鲍尔和妈妈汉娜一共养育了七个孩子，分别是 A、B、C、D、E、F、G。

现在已知：

（1）老大 A 有三个妹妹；

（2）老二 B 有一个哥哥；

（3）老三 C 是女孩，她有两个妹妹；

（4）老五 E 有两个弟弟。

根据上述条件，你能够从下面几项中选出最准确的孩子的性别吗？

A. 男、女、女、女、男、男、男

B. 男、男、女、女、男、女、男

C. 男、女、男、女、女、男、男

D. 男、男、男、女、女、女、男

E. 男、男、女、女、女、男、男

【解析】

根据条件（3），老三是女孩，可以首先排除选项 C 和选项 D；再根据条件（1），比 A 小的女孩共有三个，而老三就是女孩，她还有两个妹妹，所以不可能再有女孩比老三大了，因此可以排除 A 选项。

又因为条件（4）中，老五 E 有两个弟弟，所以 F、G 都应该是男孩，因此可以排除 B 选项，最后剩下的 E 选项就是本题的正确选项。

68. 老人的争论

【谜题】

在敬老院里，有几个年迈的老人正在闲聊。他们因为年纪大了，记忆有些不清楚，不记得这一天是星期几。

老人甲说："今天肯定是星期一。"

老人乙说："那明天就是星期二。"

老人丙说："你们说得不对，今天明明是星期三。"

老人丁说："全都错了，明天才是星期三。"

老人戊说："你们都是老糊涂，我告诉你们吧。今天不是星期一，也不是星期二，更不是星期三。"

老人己说："都不对，都不对，我知道明天是星期四。"

老人庚说："我也不知道你们谁说得对，反正我知道昨天不是星期六。"

正在这个时候，护工小温走了过来，几位老人七嘴八舌地叫起来，让小温来"评理"。小温听完忍不住笑了，他说："大爷、大娘，你们之中只有一个人说对了，其他人都说错了。"

那么，你知道哪位老人说对了吗？

【解析】

因为只有一个老人说对了，而老人甲和老人乙的说法其实是一致的，都是说今天是星期一，所以老人甲和老人乙可以首先排除，可见今天不是星期一。

同样，老人丙和老人己的说法是一致的，都是说今天是星期三，所以老人丙和老人己也可以排除，可见今天不是星期三。

由此可见，老人庚认为今天是星期一到星期六中的一天（昨天不是星期六，所以今天不可能是星期天），也是不正确的，那么今天就应当是星期天。

现在只剩老人丁、老人戊，老人丁认为今天是星期二，显然是错误的。所以只剩下了老人戊，也就是本题的正确答案。

69. 两家人旅游

【谜题】

朱涛和赵乃文是关系很好的邻居。假日来临，他们两家决定一起去泰国旅游。朱涛家有朱涛、朱涛妻子、儿子明明和亲戚的两个儿子小杰、小强；赵乃文家有赵乃文、赵乃文妻子和他们的双胞胎女儿赵梦、赵敏。

到了目的地后，他们参加了导游推荐的皮划艇项目，但是一条皮划艇上只能乘坐三人，而他们一共有九人，就租用了三条皮划艇。为了更好地照顾孩子，他们决定在每一条皮划艇上安排一个大人，而且同一个家庭的人不能独占一条皮划艇。

根据上述条件，请你为以下几个问题找出正确的答案：

问题 1：如果两家的妻子在同一条皮划艇上，而朱涛家的三个男孩分别坐在不同的皮划艇上，下面哪一个说法是正确的：

A. 每条皮划艇上都有男有女

B. 有一条皮划艇上只有男性

C. 有一条皮划艇上只有女性

D. 赵梦和赵敏两姐妹在同一条皮划艇上

E. 朱涛和赵乃文在同一条皮划艇上

问题 2：如果赵乃文和朱涛的妻子在同一条皮划艇上，那么下面几种情况中哪一种不可能出现？

A. 小杰、赵乃文妻子、赵敏在同一条皮划艇上

B. 赵乃文妻子、朱涛和明明在同一条皮划艇上

C. 赵乃文妻子、赵敏和小强在同一条皮划艇上

D. 赵乃文妻子、明明和小强在同一条皮划艇上

E. 赵梦、朱涛和赵敏在同一条皮划艇上

问题 3：如果赵乃文的妻子和赵敏在同一条皮划艇上，那么下面哪一组人会在同一条皮划艇上？

A. 小杰、赵乃文、赵梦

B. 小杰、赵乃文、小强

C. 小杰、赵梦、明明

D. 赵乃文、赵梦、朱涛妻子

E. 朱涛妻子、朱涛、明明

问题 4：朱涛家的三个男孩分别乘坐不同的皮划艇，对此有甲、

乙、丙三种判定：

甲：赵乃文的双胞胎女儿不在同一条皮划艇上；

乙：赵乃文夫妻俩不在同一条皮划艇上；

丙：朱涛夫妻俩不在同一条皮划艇上。

那么以下选项哪个是正确的呢？

A. 只有甲是正确的

B. 只有乙是正确的

C. 甲和乙都是正确的，丙是错误的

D. 甲和丙是正确的，乙是错误的

E. 甲、乙、丙都是正确的

问题5：两家人乘坐皮划艇又玩了一段时间后，赵乃文带着两个男孩上岸参观古寺庙建筑，其余六人继续向下游驶去。那么，留下来的孩子可能是以下哪一组呢？

A. 小杰、赵梦、赵敏

B. 小杰、赵敏、小强

C. 小杰、明明、小强

D. 小杰、明明、赵敏

E. 赵敏、明明、小强

【解析】

问题1：根据题设，每条皮划艇上必须有一个男孩，而且有一条皮划艇上还坐着朱涛的妻子和赵乃文的妻子；又由于每条皮划艇上都要有大人，所以朱涛、赵乃文分别在两条皮划艇上，剩下的空位则由双胞胎姐妹填补，也就是姐妹俩各在一条皮划艇上。由此可见，B、C、D、E选项都不符合实际情况，需要排除。只有A答案正确，每条皮划艇上都有男有女。

问题 2：根据题设，赵乃文和朱涛的妻子在一条皮划艇上，又因为每条皮划艇上都要安排大人，所以剩下的两个大人朱涛和赵乃文的妻子只能各上一条皮划艇，而这恰好与 B 选项冲突，所以不可能出现的情况就是 B 选项。

问题 3：根据题设，同一个家庭的人不能独占一条皮划艇，所以选项 E 首先被排除；又因为每条皮划艇上必须有大人，所以选项 C 也要被排除；对于选项 A，表面上看没有问题，可是九个人去掉赵乃文妻子、赵敏以及 A 选项的三人后，剩下的四人全是朱涛家的，无论如何分配，都会出现朱涛一家人独占一条皮划艇的情况，与题设矛盾，所以选项 A 也要被排除；同样的道理，选项 D 也要被排除，最后剩下的就是选项 B。本题正确答案为 B 选项。

问题 4：根据题设，三个男孩分别在三条皮划艇上，再加上每条皮划艇上必须有大人，所以双胞胎女孩就只能分别在两条皮划艇上；又因为同一个家庭的人不能独占一条皮划艇，所以朱涛夫妻俩也不能出现在同一条皮划艇上，否则就会与题设矛盾。因此甲和丙两个说法都是正确的，乙的说法则可能正确，可能错误，因此这道题的答案为 D 选项。

问题 5：由于两个男孩已经离开了队伍，剩下的孩子只有一个男孩和赵乃文家的双胞胎女儿，所以选项中带有两个男孩的都要被排除，最后剩下的正确答案只有 A 选项。

70. 挑剔的广告客户

伟明是一家广告公司的设计师，这天他接到一个任务，给客户设计一套户外展示广告。客户要求他在六块相邻的广告牌上设计颜色不同的广告，主色调分别为黄、绿、红、白、蓝，剩下一块广告牌暂时闲置，等待张贴宣传海报。

除以上这些要求外，客户还特别规定：

（1）绿色广告牌必须离红色的近，离蓝色的远；

（2）黄色广告牌必须紧挨蓝色广告牌；

（3）白色广告牌不能和蓝色广告牌挨在一起；

（4）第一块广告牌不能是红色的。

根据以上这些要求，请你为下面这几个问题找出正确的答案：

问题1：广告牌顺序从左到右的颜色安排不可能是以下哪一组？

A. 绿、红、白、空、黄、蓝

B. 绿、白、红、黄、蓝、空

C. 绿、红、空、黄、蓝、白

D. 空、绿、白、红、黄、蓝

E. 白、空、黄、蓝、红、绿

问题2：如果绿色广告牌必须安排在黄色广告牌旁边，而且两块广告牌紧挨着，那么以下从左到右的颜色安排中最符合客户要求的是哪一组？

A. 空、红、白、绿、黄、蓝

B. 空、红、绿、黄、蓝、白

C. 白、红、空、绿、黄、蓝

D. 红、绿、黄、蓝、空、白

E. 空、白、红、绿、黄、蓝

问题 3：如果客户改变了想法，同意伟明把 1 号广告牌设计成红色，那么以下从左到右颜色安排正确的是哪一项？

A. 红、白、黄、蓝、绿

B. 红、白、绿、黄、蓝

C. 红、绿、白、黄、蓝

D. 红、绿、黄、蓝、白

E. 红、绿、蓝、黄、白

【解析】

对于这种复杂的题面，我们可以考虑采用排除法，解题的速度会加快很多。比如，问题 1 中，我们考虑到条件限定“蓝色与白色广告牌不能挨在一起”，而答案 C 却违背了这一点，所以 C 选项就是不可能的颜色安排。

问题 2 中，选项 B 违背了“白色广告牌不能和蓝色广告牌挨在一起”，选项 D 违背了“第一块广告牌不能是红色的”，应当排除；选项 A 和选项 C 又违背了“绿色广告牌必须离红色的近，离蓝色的远”，也要排除，所以正确答案就是 E 选项。

问题 3 中，选项 D 违背了“白色广告牌不能和蓝色广告牌挨在一起”，选项 A、选项 B、选项 E 又违背了“绿色广告牌必须离红色的近，离蓝色的远”，都要排除，所以正确答案就是 C 选项。

第三章

归纳解谜：找出现象背后的共同规律

逻辑谜题中常常会有一些看似复杂的现象，令人有无从着手之感。但如果我们能够从自己的经验判断和知识储备出发，逐渐找出现象背后的共同规律，就能抓住问题的本质，并可以用规律进行科学的推测，使难题迎刃而解。

71. 破译代码

【谜题】

大学生小郑对破译代码特别感兴趣，一天他收到了室友发来的这样一条微信消息："荷花荷叶莲子莲心荷塘 =5153242758，莲子莲心心心荷塘花花荷花荷叶 = ？"

小郑看完哈哈一笑，说："这也太简单了吧。"然后他用最快的速度编写了消息发给了室友。过了一会儿，室友只发过来一个字："对！"

那么，你知道小郑发给室友的是什么答案吗？

【解析】

这道题目非常简单，我们只要先弄清楚每个汉字与每个数字的对应规律，即可轻松获得答案。通过对比汉字"荷花荷叶莲子莲心荷塘"和数字"5153242758"，我们会发现"荷"对应数字 5，"花"对应数字 1，"叶"对应数字 3，"莲"对应数字 2，"子"对应数字 4，"心"对应数字"7"，"塘"对应数字 8，那么"莲子莲心心心荷塘花花荷花荷叶"对应的就是数字 24277758115153。

72. 哪一个与众不同

【谜题】

在一节化学课上，孟老师在黑板上写了几个大字：锌、锡、铝、铜、银、钢、镁。接着，孟老师对学生们说："请你们从里面挑出最与众不同的一个。"

很快，一个学生举手了，当他说出答案后，孟老师满意地点点头。你知道这个学生说的答案是什么吗？

【解析】

虽然老师写的是汉字，但我们不能让自己的思维受到限制，如果一味从汉字本身去找规律，可能只能是徒劳。我们应该从这些汉字代表的金属性质去考虑，这样很容易就能发现除了"钢"是合金外，其他的金属都是纯金属，因此本题要找最与众不同的一个，就应该是"钢"。

73. 汉字推理

【谜题】

有这样一组汉字：啊、拨、次、德、额、佛……请问下一个汉字应该是以下选项中的哪一个呢？

A. 斯　　B. 科　　C. 哥　　D. 奇

【解析】

这是一道非常简单的归纳型逻辑题，我们只要将题目中的汉字读一遍，就会发现它们是汉语拼音字母表中的字母 a、b、c、d、e、f 的谐音，下一个字母 g 的读音和"哥"相同，因此选择答案 C。

74. 该填哪个字

【谜题】

有一组汉字：霄、露、雷、雯、(　　)。

请问，括号中可以填写以下哪一项中的汉字呢？

A. 风　　B. 花　　C. 月　　D. 叶

【解析】

这道题可能会让人感到疑惑，因为题干中的几个汉字均为“雨字头”，但是四个选项中的汉字全部不带“雨字头”，所以在选择时就会遇到困难。

这时我们就可以换一个角度思考，注意观察这几个汉字的结构特点，就会发现一个规律：它们都是上下结构的。而四个选项中只有 B 选项的“花”是上下结构，因此本题的正确答案就是 B 选项。

75. 缺失的汉字

【谜题】

在一座宝库的大门上，有村、泗、钞、(　　)、堵这几个汉字，其中(　　)处的汉字缺失。想要进入宝库，就要从以下选项中选出一个最合适的字补在空缺处，宝库的门才会打开。那么，这个字会是哪个选项呢？

A. 塔　　B. 砚　　C. 灶　　D. 烧

【解析】

仔细观察这几个汉字，我们可以发现两个规律。第一条规律是从几个汉字的偏旁归纳出来的，即它们的偏旁符合“五行”，所以缺失的汉字必须是“火”字旁，选项中只有C选项和D选项符合要求。

第二条规律是从几个汉字的笔画数归纳出来的，因为“村”有7笔，“泗”有8笔，“钞”有9笔，“堵”有11笔，所以缺失的汉字必须有10笔。而C选项只有7笔，D选项恰好有10笔，因此本题的正确答案就是D选项。

76. 词语之间的关系（一）

【谜题】

有两个词语“幽静”和“喧闹”，请根据它们之间的关系，从下面的选项中找到关系相同的词语：

A. 逃避——惩罚　　B. 退化——堕落

C. 机智——笨拙　　D. 黎明——拂晓

【解析】

我们先观察题干中的两个词语，可以很明显地看出“幽静”和“喧闹”是一对反义词，再将该关系代入选项中，通过比较，找出符合条件的选项只有 C 选项。A 选项的两个成语更像是动宾关系，B 选项的两个词语有意义相近之处，D 选项的两个词语则是同义词，所以只能选择 C 选项。

77. 词语之间的关系（二）

【谜题】

有两个词语“心电图”和“心律失常”，请根据它们之间的关系，从下面的选项中找到关系相同的词语：

A. 睡眠习惯——健康　　B. 原版小说——外语

C. 卫星云图——降雨　　D. 电子导航——路线

【解析】

在解答这道题的时候，要注意找出词语与词语之间的关系。题干中的“心电图”可以用于检验是不是有“心律失常”的情况，而 A 选项、B 选项、D 选项都没有这种关系。只有 C 选项中的“卫星云图”可以用于检验是不是会有“降雨”的情况，所以正确答案是 C 选项。

78. 少了哪位亲戚

【谜题】

请仔细观察以下词语并寻找规律，然后从选项中选出可以填入括号的那位亲戚：

哥哥　爷爷　婶婶　爸爸

叔叔　伯伯　嫂嫂　（　　）

妈妈　姨姨　奶奶　弟弟

A. 姐姐　　B. 舅舅　　C. 外公　　D. 姑姑

【解析】

在解答这道题目的时候，我们先不要急着分析亲戚与亲戚之间的关系，而是可以将这些词语一个一个读几遍。

在读的过程中我们能够发现规律：每一个词语都是叠字，而且每一组词语的声调分别是一声、二声、三声、四声。比如，哥哥是一声，爷爷是二声，婶婶是三声，爸爸是四声。那么括号里要填的词语也应该是四声的，而选项中只有 B 是符合条件的，所以本题的正确答案就是 B 选项。

79. 词语与密码

【谜题】

以下每组词语都和一个密码有关，请你总结出其中的规律，再猜猜缺少的密码应该是多少：

好人，高人，才子佳人：密码：02

东风，清风，甘拜下风：密码：04

水果，苹果，自食其果：密码：？

美梦，睡梦，白日做梦：密码：11

【解析】

观察这几组词语，我们发现每组词语的共同点是都有一个关键字相同。比如，第一组的关键字为“人”，“人”字正好为两画，对应密码为 02；第二组的关键字为“风”，“风”字正好为四画，对应密码为 04；第四组的关键字为“梦”，“梦”字正好为 11 画，对应密码为 11。

根据这个规律，不难推出缺失的密码对应的就是“果”的笔画数，而且不足 10 的密码数字要写成“0+ 数字”的形式，所以缺失的密码为“08”。

80. 算式的结果是多少

【谜题】

逻辑题爱好者李明想到了一个非常有趣的题目：如果 4+2=28，5+1=45，6+3=318，9+4=536，那么 8+3 应该等于多少？

李明用这道题目考验自己的朋友赵刚，还说题目非常简单，能在 10 秒答出才能算成功。结果赵刚挑战失败了，那么，你能帮赵刚找到这道题目的答案吗？

【解析】

这道题的难度确实不高，注意观察就会发现等号右边的数字其第一位数是等号左边两个数字之差，后面的一位或两位数则是等号左边两个数字之积。

比如，4−2=2，4×2=8，所以得到结果 28；同样，5−1=4，5×1=5，所以得到结果 45。以此类推，因为 8−3=5，8×3=24，所以得到结果 524。

因此，本题的正确答案就是 524。

81. 缺少的数字（一）

【谜题】

张教授在自己开设的逻辑学课程中给同学们出了这样一道题目：第一个数字是 111，第二个数字是 315，第三个数字未知，第四个数字是 912，请问第三个数字应该是多少？

这道题看上去很简单，可是大多数同学都被难住了，只有几个同学在不到 1 分钟的时间里想到了答案。那么，你知道缺少的数字是多少吗？

【解析】

我们可以将数字记录如下：111，315，？？？，912，可以肯定的是，缺少的数字必然是一个三位数，但是按照目前的排列方式是很难找到规律的。所以我们可以尝试另外一种方法，即去掉数字间的逗号，将所有数字拼组在一起，就会得到这样的结果：111315？？？912，这样我们很容易就能够发现这些数字其实是 11 以上的奇数拼凑而成的，到了 12 之后又要变成偶数，所以按照规律，空缺处应当填上 171，就能让数字一直按照规律延续下去了。

因此本题的正确答案就是171。

82. 缺少的数字（二）

【谜题】

在另一次课程中，张教授又给同学们出了一道逻辑题。他在黑板上写下了这样几个数字：1，12，4，10，7，(　　)，10，6。

7与10之间的那个数字是未知的，张教授请同学们想一想这里应当填上什么数字。可是很多同学根本找不到规律，你能帮助他们解决这道谜题吗？

【解析】

这道题目如果直接找数字的规律是十分困难的，但我们可以把这些数字分成两组，规律就会变得非常清楚了。

比如，先将处于奇数位置的数字1，4，7，10列为一组，它们之间的规律是后一个数比前一个数大3；再将处于偶数位置的数字12，10，(　　)，6列为一组，它们之间的规律是从12开始逐渐递减的偶数，所以括号中很显然只能填写数字8。

因此，本题的正确答案就是8。

83. 这个数字代表什么

【谜题】

一天，喜欢做逻辑题的小张看到了这样的题目：如果 728 代表 516，647 代表 228，935 代表 615，那么 849 代表什么？小张很快就想到了答案，你知道这个答案是什么吗？

【解析】

注意观察这几组数字，我们会发现这样一个规律：后面一个数的百位数是前一个数的百位数与十位数之差；后面一个数的十位数和个位数是前一个数的十位数和个位数之积。比如 728，百位数减十位数为 5，十位数乘以个位数为 16，由此得到 516 这个结果；再如 647，百位数减十位数为 2，十位数乘以个位数为 28，由此得到 228 这个结果。

因此，849 代表的数字也应当符合这个规律，百位数减十位数为 4，十位数乘以个位数为 36，由此得到 436 这个结果，所以本题的答案就是 436。

84. 数字推理（一）

【谜题】

有一家公司在招聘人才时出了这样一道题，难倒了一半以上的求职者。这道题的题目是这样的：有一组数字：1，3，2，3，4，9……

你知道下一个数字应该是多少吗？

【解析】

这组数字的规律是，从第二个数字起，每个数字与前一个数字相乘，再减去前一个数字，就能得到下一个数。比如，3×1–1=2，2×3–3=3，3×2–2=4，4×3–3=9。

按照这个规律，我们不难计算出下一个数字就是9×4–4=32。所以本题的正确答案就是32。

85. 数字推理（二）

【谜题】

这家公司在招聘人才时还出了这样一道题，难度与上一题相当，题目是这样的：

有一组数字：77，49，36，18……

你知道下一个数字应该是多少吗？

【解析】

观察这组数字，我们很容易就能够发现后一个数字是前一个数字十位数与个位数的乘积。比如，49是7和7的乘积，36是4和9的乘积，18是3和6的乘积。根据这个规律，下一个数字肯定是

1 和 8 的乘积，所以这道题的正确答案是 8。

86. 数字推理（三）

【谜题】

还是这家公司，他们在招聘人才时又出了这样一道题，也被求职者称为是超难度的“绝杀题”，答对者寥寥无几。这道题的题目是这样的：如果 12=0，3=90，7=210，那么 9=____。

你知道这道题的答案是什么吗？

【解析】

这是一道考验发散思维的归纳型逻辑题，我们要想从看似没有联系的数字中找到规律，就需要跳出常规思维，将数字放到特殊的情境中，看看能不能找到突破口。比如，把 12、3、7 放在钟表的表盘上，就能够立刻发现 0、90、210 其实是时针和分针之间夹角的度数。

当时间是 12 点整的时候，夹角度数为 0 度，以此为基准，每过 1 小时，夹角增加 30 度，所以当时间为 3 点时，度数为 90 度；当时间为 7 点时，度数为 210 度。按照此规律，当时间为 9 点时，度数就是 270 度。所以本题的正确答案就是 270。

87. 下一个数字是多少

【谜题】

有一行数字：1，11，21，1211，111221……请问，111221 的下一个数字应该是多少？

【解析】

观察这一行数字，我们可以发现一个规律，即后一个数字是对前一个数字的统计，只不过在统计时去掉了汉字，仅用数字来表示，就形成了这样的结果。

比如，第一个数字 1 可以统计为“1 个 1”，所以第二个数字就是去掉了汉字“个”得到的“11”。又因为“11”是 2 个 1，所以第三个数字就是去掉“个”得到的“21”，即 1 个 2 和 1 个 1。

根据规律依次推算下去，第四个数字就是“1211”，即 1 个 1、1 个 2、2 个 1，第五个数字就是“111221”，即 3 个 1、2 个 2，1 个 1，所以第六个数应当是 312211。

88. 奇怪的密码

【谜题】

刑警张杰抓获了一名罪犯，并从他手中缴获了很多赃物，其中包括一只密码箱。密码箱采用的是三位密码，张杰问罪犯密码是多少，对方却说自己也不知道，还拿出了一张纸条对张杰说：“密码就在这道题目中。”

张杰看了看，发现这道题目是这样的：“12345 2040 ？0”，显然“？”就是箱子的密码。可是这个密码到底是多少呢，张杰怎么都算不出来，你能帮他解开这道谜题吗？

【解析】

单纯分析 12345 和 2040 这两个数字，是无法找到规律的。但我们不妨试着把数字拆分，如 12345 可以拆分为 12、34、5 这三个数字，它们的乘积恰好就是 2040。按照这样的规律，我们可以继续拆分 2040，得到 20、40 这两个数字，它们的乘积是 800。800 是一个三位数，而且它拆分后的乘积确实为 0，因此本题要寻找的密码就是 800。

89. 挥发的试剂

【谜题】

张猛在一家化学实验室担任研究员，他有一个不好的毛病，就是办事粗心大意。一天，他在做实验后忘记盖上试剂瓶的盖子就离开了，而且因为要出差，一连几天都没有回到实验室。

现在已知：

这种试剂挥发速度较快，第二天就会挥发一半；第三天变成第二天的 2/3，第四天变成第三天的 3/4。那么等张猛在第 13 天回来的时候，药水还剩下多少呢？

【解析】

这道题如果直接计算会非常复杂，但如果我们注意分析，就会发现一个有趣的规律：试剂第二天只剩第一天的1/2，第三天只剩1/2×2/3=1/3，第四天只剩1/3×3/4=1/4……也就是说，第N天剩下的试剂恰好就是第一天的1/N，因此不难推断出张猛第13天回来时药剂只剩下1/13瓶的结果。

90. 员工报数的规律

【谜题】

在某公司举办的培训大会上，培训讲师组织全体员工做一个排队报数的游戏，以提升大家的快速反应能力。游戏的规则是这样的：35名员工围成一个大圆圈站好，然后按照顺时针的方向开始编号，从1一直编号到35。接着编号是奇数的员工开始报数：1号、3号、5号、7号……没有报数的员工走出队伍。然后再从1号开始报数，直到圆圈只剩下一个员工。

你认为最后一个留下的员工会是几号呢？

如果培训师要求编号是偶数的员工开始报数：2号、4号、6号、8号……没有报数的员工走出队伍。那么经过几轮后，最后留下的员工又会是几号呢？

【解析】

如果是奇数员工报数，没有报数的偶数员工出列，无论经过几轮我们都会发现这样的规律：编号为 1 的员工是要先报数的，所以他每次都不会出列，因此最后剩下的就是 1 号员工。

如果是偶数员工报数，我们可以发现这样的规律：第一轮出列的位置是 2 的倍数，第二轮出列的位置是 2^2 的倍数，第三轮出列的位置是 2^3 的倍数……依此类推，最后出列的位置应该是 2^5 的倍数，只有 32 符合这个条件，所以最后剩下的是 32 号员工。

91. 数学家与兔子

【谜题】

有一位数学家斐波那契，特别喜欢思考有趣的数学问题。有一天他想："要是我从现在开始养一对刚出生的兔子，一个月后它们就能长成大兔子，再过一个月它们就能再产下一对小兔子。以后每个月都有新的小兔子出生，而且没有兔子死亡。那么 12 个月后我会拥有多少对兔子呢？"

你知道这个问题的答案吗？

【解析】

根据题干，第一个月有一对兔子，第二月有一对兔子，第三个月开始繁殖，变成两对兔子；第四个月原来的兔子繁殖，新生的兔子长大，变成三对兔子……依此类推，每对小兔子到第二月都会变成大兔子，到第三个月就会开始繁殖。于是就形成了这样的数列：

1，1，2，3，5，8，13，21，34……（这个数列也被称为斐波

那契数列、黄金分割数列）。

这个数列从第3项开始，每一项都等于前两项之和。根据这个规律，到12月的时候，数学家共有兔子144对。

92. 缺少的汉字

【谜题】

在下表中，缺少了一个汉字，请你注意观察其他汉字带有的规律，然后从下列选项中选出最适合填入空格的汉字：

口	一	目	土	因		圆	木

A. 图　　B. 丰　　C. 甲　　D. 月

【解析】

这道谜题如果直接从汉字本身的含义、读音来进行分析，是很难找到规律的。但我们不妨将这几个汉字看作不同的图形，就会发现一定的规律。比如“口”“目”“因”“圆”都是全封闭的汉字，而“一”“土”“木”则是周围全不封闭的图形。

在表格中，这些汉字的排列顺序是全封闭、全不封闭、全封闭、全不封闭……依此类推，空格处应当填一个全不封闭的汉字，而选项中只有“丰”字是符合条件的，所以本题正确答案为B。

93. 下一个汉字是什么

【谜题】

观察下面这几个汉字，根据规律，猜一猜下一个汉字会是选项中的哪一个呢?

内	外	夹	攻	?

A. 委　　B. 曲　　C. 求　　D. 全

【解析】

题目中给出的四个汉字恰好是一个成语，而选项中的“委曲求全”也是成语，这一点很容易让人迷惑，但其实是不是成语对于解答本题没有帮助，所以我们应当忽略这一点，只关注每个汉字本身。这样就能够发现“内”是一个四笔写成的汉字，而“外”有五笔，“夹”有六笔，“攻”有七笔，每个汉字都比前一个汉字多一笔，这就是本题隐含的规律。

由此可见，我们要找的汉字应当是由八笔写成的，四个选项中只有“委”符合要求，所以本题的正确选项就是 A 选项。

94. 找到不同的字母

【谜题】

有七个字母 N、F、C、W、L、V、E，请你找出哪一个字母与其他字母有明显的不同。

【解析】

将几个字母看作图形的话，除了C以外，其他字母都是由直线构成，而C却是由曲线构成的，所以C就是我们要找的字母。

95. 哪个字母最合适

【谜题】

请观察下面的两组字母，找到规律后，从以下四个选项中选出最适合填入空缺处的字母：

F	H	N

E	M	?

A. A　　B. K　　C. W　　D. T

【解析】

观察第一组的单个字母，如果把它们都看成图形，我们就会发现它们都是由三条直线组成的；再观察第二组的E和M，会发现它们是由四条直线组成的，所以我们也要从选项中找出由四条直线组成的字母，它就是C选项W。

96. 特别的字母

【谜题】

有这样一个字母，它能够填入 MIXAYOTWU 这一组字母中，也能够填入 DCOXKIBE 这一组字母中，而且不与其他字母重复。那么，你知道它是什么字母吗?

【解析】

解答这道题时，我们不要被思维定式所影响，以至于花费大量时间研究字母本身的读音及组成单词的意义等，这对于解题没有帮助。

事实上，这道题可以从图形的角度来分析。如果我们把所有的字母都看成图形，就会发现第一组字母都是左右对称图形，第二组字母都是上下对称图形，因此我们要找的字母就是一个既能够上下对称，又能够左右对称的字母，这样的字母有 H、I、O、X 这四个，不过题目规定不能与其他字母重复，而 I、O、X 都已经出现过，所以答案只能是 H。

97. 桌面上的数字

【谜题】

有一张圆形的桌子，被人用刀子在上面划了几刀，变成了下图中的样子（如图1）。这个人还在分割后的桌面上写下了不同的数字，请你猜一猜空缺处应该写上哪个数字？

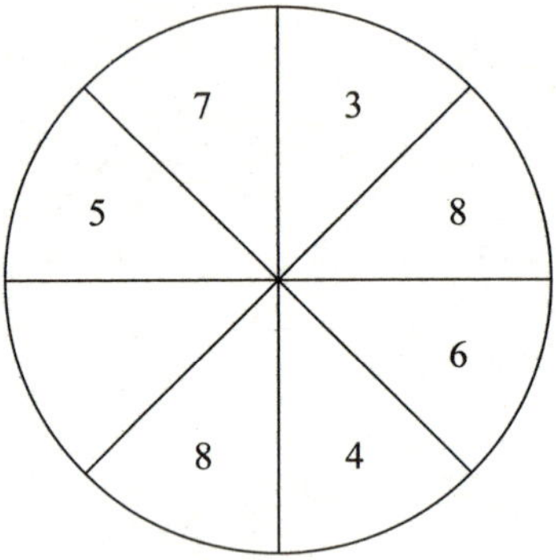

图1

【解析】

观察上述图形，可以发现这样的规律：每一个互成对角的扇形上的数字之和都是11。比如，5+6=11，7+4=11，3+8=11，那么所求的空缺部分的数字就是11–8=3。

98. 补满九宫格

【谜题】

以下是一个汉字九宫格，其中有一个空格里的汉字丢失了。

他	空	囚
图	桥	?
雪	困	海

请你根据其他汉字之间的规律，从以下选项中找出一个最适合的填入空格里：

A. 团　　B. 休　　C. 志　　D. 句

【解析】

观察九宫格中的汉字，我们会发现无论是横向还是纵向的三个汉字都包括了左右结构、上下结构和全包围结构。按照这个规律推理，就会发现缺少的汉字必须是上下结构，而四个选项中只有“志”是上下结构，所以本题的正确答案是 C 选项。

99. 补全汉字

【谜题】

请观察以下两组汉字，再从下列选项中找一个最适合的填在“？”处：

第一组：脑、筋、迷

第二组：？、字、适

A. 伟　　B. 苗　　C. 可　　D. 连

【解析】

观察第一组汉字，可以发现它们分别是左右结构、上下结构和半包围结构；再观察第二组汉字，除第一个字未知外，另两个字分别是上下结构和半包围结构。由此可见，缺少的汉字应当是左右结构的。而选项中的四个汉字只有“伟”是左右结构，所以本题的正确答案是 A 选项。

100. 下一个图形是什么

【谜题】

请观察大方框中的几个图形（如图 2），找到规律后，再从四个选项中选出最适合填入“？”处的图形：

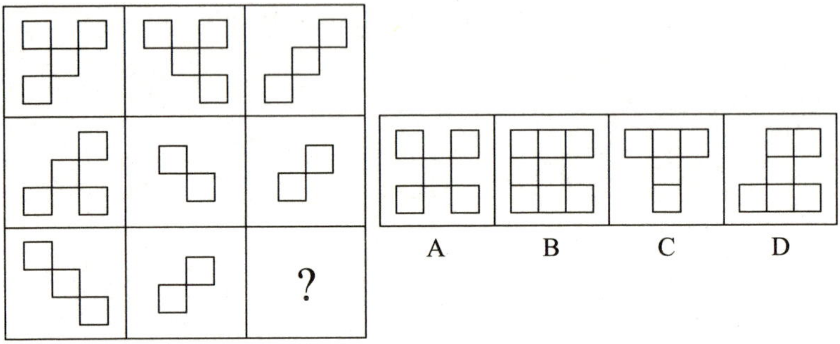

图2

【解析】

观察方框中的图形后，我们很容易就能发现这些图形都是由一个个小正方形组成的，而且这些小正方形都没有公共边。根据这个规律，我们可以发现，只有选项 A 是最符合要求的，所以本题的正确答案就是 A 选项。

101. 图形找规律（一）

【谜题】

请仔细观察下面的两组图形（如图 3），找到图形与图形之间的规律，然后从下面的四个选项中选出最符合规律的图形填入空缺处：

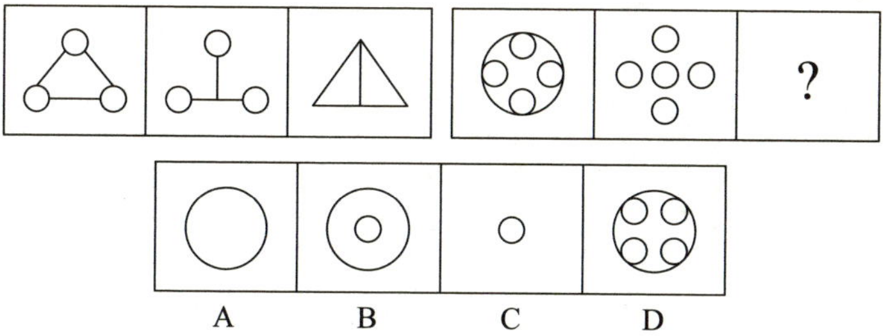

图3

【解析】

观察第一组的三个图形，我们会发现第三个图形其实是前两个图形拼合之后，再去掉重复的三个圆形得到的；按照同样的规律，我们将第二组图形的前两个图形进行拼合，然后再去掉重复的四个圆形，即可得到选项 B 中的图形。因此本题的正确答案就是 B 选项。

102. 图形找规律（二）

【谜题】

请仔细观察下面的两组图形（如图 4），找到图形与图形之间的规律，然后从下面的四个选项中选出最符合规律的图形填入空缺处：

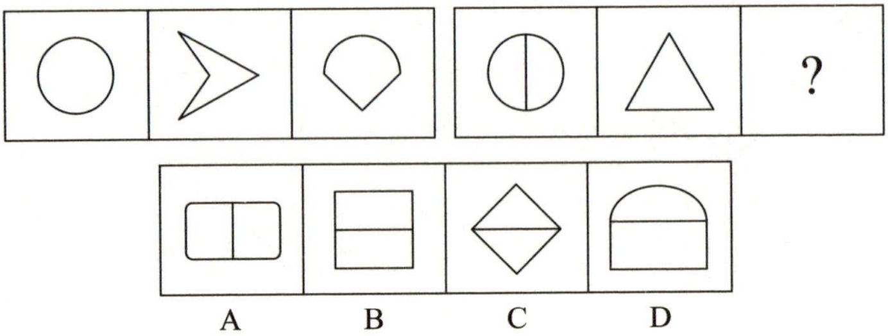

图 4

【解析】

观察第一组的图形，我们可以发现这样的规律：第一个图形的构成元素是“圆”，第二个图形的构成元素是“角”，而第三个图形的构成元素既有“圆”又有“角”。

因此，第二组图形也应当遵循这样的规律，那么构成元素既有圆又有角的图形只有 D 选项，所以本题的正确答案就是 D 选项。

103. 下一个时刻是几点

【谜题】

下图中记录了某人一天中的几个重要时刻（如图 5），根据规律，你能够猜出下一个重要时刻是选项中的哪一个吗？

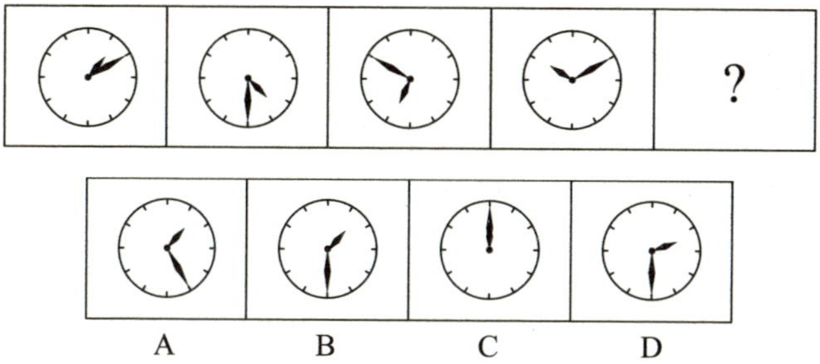

图 5

【解析】

题干中虽然强调时刻，但我们不必刻意关注每一个图片指示的具体时间，而是要从时针、分针的夹角中发现规律。比如，第一张图中，夹角度数是 30 度，第二张图是 60 度，第三张图是 90 度，第四张图是 120 度，那么很显然，下一个时刻时针和分针的夹角应当是 150 度，四个选项中只有 B 选项是 150 度，所以本题的正确答案就是 B 选项。

第四章

演绎解谜：从已知部分导出未知

演绎法就是从已知的前提出发，通过推导即“演绎”的过程，得出特定的结论，给未知的问题找到答案。想要成功地运用演绎法，我们就需要发现尽可能多的线索，再根据线索找到答案，并且还要学会检验、证明自己的答案。这个过程能够不断强化我们的思维，会让思维变得更加缜密，条理变得更加清晰，我们解决问题的能力也会不断提升。

104. 学术会议参会者

【谜题】

2018 年 3 月，有一个重要的学术会议在某市召开，某大学管理学院的三位教授胡教授、冯教授和唐教授中至少有一人参加了这次会议。

现在已知：

（1）报名参会者必须有一篇以上国家级论文（在国家级期刊发表），经大会组委会审查后，参会者才能获得邀请函；

（2）唐教授只在省级期刊发表过论文；

（3）如果胡教授参加此次会议，冯教授也会参加。

根据上述条件，你认为哪位或哪几位教授肯定参加了本次会议呢？

【解析】

根据条件（1），能够参会的教授必须在国家级期刊发表过论文，但是条件（2）中唐教授只在省级期刊发表过论文，所以唐教授是无法获得邀请函的。

又因为题干规定三名教授中至少有一位参加了会议，那么参加会议的人选只有可能在胡教授和冯教授之中产生。如果胡教授不参加，则冯教授一定会参加；如果胡教授参加，那么根据条件（3），冯教授也会参加，所以肯定参加了本次会议的是冯教授。

105. 毕业后的相聚

【谜题】

钱进、涂明、柴志杰、柯强在上大学的时候就住在一个宿舍中，关系非常亲密。毕业后，他们分别去了不同的城市发展。五年后的一天，他们回到母校相聚，在聊天时发现各自的工作和住房情况有不少差异。

现在已知：

（1）四人中有三人购买了房屋；

（2）四人中只有两人做着与自己所学专业对口的工作；

（3）四人中只有一人去国外参加过培训；

（4）钱进和涂明的工作对口程度一样；

（5）涂明和柴志杰在同一个城市购买了房屋；

（6）柴志杰和柯强只有一个人购买了房屋；

（7）购买了房屋、有对口的工作、去国外参加过培训这三个条件每个人至少具备一条。

根据以上这些条件，你知道他们四人中哪一人同时具备三个条件吗？

【解析】

根据条件（1），只有一个人没有购买房屋，而条件（5）表明柴志杰购买了房屋，再根据条件（6）分析，就知道柯强没有购买房屋。

如果有一个人三种条件都具备，那他肯定不是柯强。再加上条件（3）规定，去国外参加培训的只有一人，这个人也不会是柯强。但条件（7）要求每个人至少具备一个条件，所以柯强拥有对口的工作。

再根据条件（4），钱进和涂明的工作对口程度一样，也就是说这两人要么工作都对口，要么都不对口。但条件（2）限定只能有两人做着对口的工作，其中一人已经确定为柯强，另外一人就不可能是钱进或涂明中的任何一人，而只能是柴志杰。

由此可见，柴志杰就是三个条件都具备的人。

106. 研究员的休息日

【谜题】

有一位法国研究员在一个偏远的山村进行一项农作物栽培研究。每个星期四，研究所会给他寄一张支票，作为他的工资和实验资金。研究员也会在每星期休息一天，到邻近的小城去购买工具和肥料，顺便去桑拿浴室洗个澡放松一下，再吃一顿丰盛的午餐，然后才会回到山村。

现在已知：

（1）银行只有星期二、星期五、星期六营业；

（2）桑拿浴室每个星期六都会关门歇业；

（3）农资店星期四、星期五是不营业的。

根据以上这些条件，你能够判断出研究员的休息日是一个星期里的哪一天吗？

【解析】

由于研究员在休息日要洗澡，还要购买工具和肥料，所以他只能在桑拿浴室、农资店同时营业的时候前往小城。根据条件（2）、条件（3），研究员不能在星期四、星期五、星期六前往小城。又因为他的工资是以支票的形式支付的，所以他需要到银行去支取现金，而银行只在星期二、星期五、星期六营业，因此他可以在收到支票后的下一个星期二前往小城，就能够同时完成支取现金、洗澡、购买物品等多项任务了。

因此，本题的正确答案就是星期二。

107. 羽毛球循环赛

【谜题】

为了选拔全运会参赛选手，某省羽毛球队的几名精英队员甲、乙、丙、丁进行了一次循环赛，即每名队员都要和其他队员比赛一场，每胜利一场计 1 分，失败一场计 –1 分，按照最终得分高低，选取第一名、第二名参加全运会。

现在比赛结果如下：

（1）乙失败一场；

（2）丙比乙少失败一场；

（3）乙比丁少失败一场。

根据以上条件，你认为哪两位队员有资格参加全运会呢？

【解析】

在这场循环赛中，共有四名队员参加，每人都要与其他队员进行三场比赛。根据条件（1），乙失败了一场，那么乙就应该胜利了两场。

丙比乙少失败一场，说明丙失败零场，胜利三场，也就是全胜，包括与甲的比赛结果也是丙胜利；由此可见，乙失败的一场是败给了丙，另外与甲、丁的比赛都取得了胜利。

乙比丁少失败一场，说明丁失败两场，胜利一场，失败的两场分别是与乙和丙的比赛，胜利的一场则是与甲的比赛。

由此可见，这次循环赛的排名应当是丙第一名，三场全胜；乙第二名，胜两场；丁第三名，胜一场；甲第四名，三场全败。所以有资格参加全运会的只有丙和乙。

108. 颜色之谜

【谜题】

这是一道关于颜色检测的逻辑谜题，已知条件如下：

（1）只要 M 等于红色，N 就一定是绿色；

（2）只要 N 不等于绿色，P 就一定等于黄色；

（3）当 M 等于红色时，P 绝不会等于黄色。

一位逻辑爱好者小罗根据这些条件做出了以下推论：

（1）只要 P 等于黄色，N 就可能是绿色；

（2）只要 N 不等于红色，P 就可能不是黄色；

（3）只要 N 不等于绿色，M 就不可能是红色。

你认为这些推论是否正确呢？

【解析】

根据条件我们可以列出以下公式：若 M= 红色，则 N= 绿色；若 N ≠绿色，则 P= 黄色；若 M= 红色，则 P ≠黄色。

对于推论（1），若 P 等于黄色，可以推出 N ≠绿色的结论，但小罗的结论却是 N 可能等于绿色，所以推论（1）是错误的。

对于推论（2），若 N ≠红色，根据现有的条件无法推出与 P 有关的结论，所以推论（2）也是错误的。

对于推论（3），若 N ≠绿色，根据条件可以推出 P= 黄色；又因为 P ≠黄色可以推出 M= 红色，所以 P= 黄色可以推出 M ≠红色，因此推论（3）是正确的。

综上所述，3 个推论中只有推论（3）正确。

109. 分辨矿石

【谜题】

小赵考入了一所大学的矿物资源工程专业。在第一堂专业课上，教授拿出了五块大小相同、颜色为程度不同的红色的矿石，让大家猜猜它们各是金红石、赤铁矿、日光石、独山玉、锆石中的哪一种。

小赵和同学们一样，都不知道该怎么分辨矿石。不过被教授点名后，小赵不得不硬着头皮回答道："我认为 3 号是金红石，2 号是赤铁矿。"

在小赵之后，教授又点了四位同学的名字，他们也分别说出了自己的答案。

小钱说："4 号是日光石，2 号是独山玉。"

小孙说："1 号是日光石，5 号是锆石。"

小李说："4 号是锆石，3 号是独山玉。"

小周说："2 号是金红石，5 号是赤铁矿。"

教授听完了他们的回答，说了这样一句评价："看来大家对这几种矿石确实很不熟悉，刚才你们每个人的答案都只答对了一半。"

根据教授的评价，你能够推出这五种分别是什么矿石吗？

【解析】

由于每个人的答案都是一半正确一半错误，而提到日光石的答案只有两个，所以这两个答案必有一个是对的，一个是错的。假设 1 号是日光石，那么小孙的前半句话是对的，后半句话是错的，5 号就不是锆石；小钱的前半句话是错的，后半句话是对的，即 2 号是独山玉；那么小赵的后半句话就是错的，前半句话是对的，即 3 号是金红石；小李的后半句话就是错的，前半句话是对的，即 4 号是锆石；小周的前半句话是错的，后半句话是对的，即 5 号是赤铁矿。

我们也可以假设 4 号是日光石，然后逐一进行推理，但会出现彼此矛盾的结果，所以 4 号不可能是日光石。

由此可见，本题的正确答案是 1 号为日光石，2 号为独山玉，3 号为金红石，4 号为锆石，5 号为赤铁矿。

110. 奇怪的安保系统

【谜题】

富商秦先生珍藏了几幅油画珍品。为了保护这些油画，他特意请安全专家为自己设计了一套独特的安保系统。无论是谁，想要进入油画储藏室，就必须通过一个由五道阀门保卫的机关。这些阀门的开启必须遵守一定的规则，否则就会激活报警系统。

现在已知：

（1）如果开启了 1 号阀门，就必须同时打开 2 号阀门，并且要关闭 5 号阀门；

（2）如果开启了 2 号阀门或者 5 号阀门，就必须关闭 4 号阀门；

（3）不能同时关闭 3 号阀门和 4 号阀门。

那么，如果秦先生准备打开 1 号阀门，他必须同时打开哪些阀门，才不会激活报警系统呢？

【解析】

根据条件（1），打开 1 号阀门，就要打开 2 号，并关闭 5 号；

再根据条件（2），打开了2号，就要关闭4号；但是条件（4）规定3号和4号不可以同时关闭，所以在4号关闭的时候3号必须打开。

因此，想要打开1号阀门，必须同时打开2号和3号阀门，才不会激活报警系统。

111. 员工的休息日

【谜题】

某公司有一个非常重要的部门需要随时有员工值班待命，所以该部门的七名员工甲、乙、丙、丁、戊、己、庚每个星期只有一个休息日，而且每天只能有一人休息。

现在已知：

（1）甲的休息日比丙晚一天；

（2）乙的休息日比庚早三天；

（3）丁的休息日比戊晚两天；

（4）己的休息日是星期四，而且恰好在乙和丙的休息日的中间。

根据以上条件，请从以下选项中选出正确的一项：

A. 乙是星期三休息　　B. 丙是星期六休息

C. 丁是星期五休息　　D. 戊是星期三休息

【解析】

根据条件（4），己星期四休息，且己的休息日在乙、丙之间，那么丙的休息日可能是星期五、星期六、星期日。又根据条件（1），甲的休息日还要比丙晚，所以丙不会在星期日休息。

假设丙的休息日是星期五，那么乙的休息日是星期三，甲的休息日是星期六。但是条件（2）中，乙的休息日比庚早三天，所以庚的休息日是星期六，而这与甲的休息日是星期六矛盾，所以丙的休息日不会是星期五，只能是星期六。

因此本题的正确答案是 B 选项。

112. 好朋友买书

【谜题】

一个星期天，有四个好朋友陈晓东、李启瑞、赵凯、高伟光一起去逛书店，他们各买了一本自己喜欢的书。这四个好朋友平时住在一栋公寓楼里，房间号正好紧挨着。

现在已知：

（1）陈晓东是作家；

（2）程序员买了一本影视杂志；

（3）销售员住在李启瑞的右边（紧挨着）；

（4）李启瑞住在陈晓东的右边（紧挨着）；

（5）高伟光买了一本护理学手册；

（6）赵凯住在护工的左边（紧挨着）；

（7）买护理学手册的人住在买诗集的人的右边（紧挨着）。

根据以上这些条件，你能够推出是谁买了一本漫画吗？

【解析】

根据条件（4）和条件（3），李启瑞住在陈晓东右边，销售员住在李启瑞右边。所以销售员不是赵凯就是高伟光，又因为条件（6）赵凯住在护工的左边，满足条件的只有李启瑞右边的位置，所以住在李启瑞右边的销售员就是赵凯，而赵凯右边就是护工高伟光，又因为条件（1）已经排除了作家身份，所以李启瑞的身份就只能是程序员了。

根据条件（5），高伟光买的是护理学手册，再根据条件（7），赵凯买的就是诗集。再根据条件（2），程序员买的是影视杂志，所以李启瑞买的是影视杂志，而条件中没有出现的漫画就只能是陈晓东买的了。因此，本题的正确答案就是陈晓东。

113. 监守自盗的员工

【谜题】

一家珠宝店的老板在盘点商品时发现丢失了一条昂贵的钻石项链和两枚钻石戒指，调取监控录像后，老板找到了几名有嫌疑的员工韩明明、王蕊、赵静。

以下是老板掌握的一些线索：

（1）韩明明、王蕊、赵静中至少有一人偷走了珠宝；

（2）韩明明偷珠宝时，王蕊、赵静肯定会配合她作案；

（3）赵静偷珠宝时，韩明明、王蕊肯定会配合她作案；

（4）王蕊偷珠宝时，其他人不会配合她；

（5）韩明明、赵静至少有一人无罪。

根据以上这些条件，你知道是谁偷走了珠宝吗？

【解析】

根据条件（2）和条件（3）可知韩明明和赵静任何一人作案，都会出现全体作案的情况，而条件（5）规定韩明明和赵静至少要有一人无罪，所以可以推出“韩明明和赵静都没有作案”的结论。

又因为条件（1）规定三人中至少有一人偷走珠宝，那就只能是王蕊。代入条件（4）中验证，王蕊作案时无人配合，与其他条件并不矛盾，所以偷走珠宝的就是王蕊。

114. 最佳选手与最差选手

【谜题】

金先生是一名乒乓球运动员，经常参加各种乒乓球比赛，也曾取得过不错的名次。不过，他并不是家中唯一热爱乒乓球的人，他的妹妹和他的一对儿女也都是乒乓球爱好者。当然，他们四人的成绩有好有坏。

现在已知：

（1）最佳选手是双胞胎之一，但最佳选手与最差选手不是双胞胎；

（2）最佳选手与最差选手的性别不同；

（3）最佳选手和最差选手的年龄相同。

根据这些条件，你能够推出谁是最佳选手，谁是最差选手吗？

【解析】

根据题干，最佳选手是双胞胎之一，而且最佳选手与最差选手不是双胞胎，又因为条件（3）说最佳选手与最差选手年龄相同，所以这个家庭中有三人的年龄相同。

由于金先生的年龄肯定比自己的儿子、女儿都要大，所以年龄相同的人只能是金先生的妹妹和金先生的一对儿女，而且这对儿女就是双胞胎。

因此，金先生的儿子或女儿有一人是最佳选手，金先生的妹妹就是最差选手。又因为条件（2）规定最佳选手与最差选手性别不同，所以金先生的儿子是最佳选手，金先生的妹妹是最差选手。

115. 四人打麻将

【谜题】

一天，李卫东、龚西平、宋南康、丁关北四人正在棋牌室里打麻将。

现在已知：

（1）他们四人坐在东、南、西、北四个方向，但是每个人所坐的方向都和自己的名字中包含的方向字无关；

（2）保险业务员坐在东面；

（3）李卫东对面坐的是一名公交车司机；

（4）一名会计坐在龚西平的右边；

（5）打了几局麻将后，厨师接了个电话要走，李卫东决定开车送他。

根据上述条件，你知道这四人的职业分别是什么吗？

【解析】

根据条件（3）、条件（5），可以知道李卫东不是公交车司机，也不是厨师；又因为李卫东的名字里带有“东”字，不能坐在东边，所以他也不是保险业务员，那么他就只能是会计了。

根据条件（4），李卫东的左边是龚西平，龚西平就是坐在东边的保险业务员；李卫东的对面是公交车司机，也就是坐在南边的丁关北；所以，坐在西面的就是厨师宋南康。

116. 冰舞选手组合

【谜题】

一个花样滑冰队正在挑选冰舞运动员，现在合适的人选有男队员邱林、李晨、赵磊和女队员江敏、温松莲、刘颖。

几位教练开始讨论哪位男队员与女队员组合更能发挥双方的优势，队员们自己也在一旁讨论起来：

邱林说：“教练一定会安排我和江敏组合。”

江敏说：“教练一定会安排我和赵磊组合。”

赵磊说：“教练一定会安排我和刘颖组合。”

稍后，教练公布了组合名单，邱林、江敏、赵磊三人才发现自己的想法都错了。那么，你能够猜到最后的组合结果是什么样的吗？

【解析】

由于三人的话都不正确，所以根据邱林的话，我们可以推出他的组合对象可能是温松莲或刘颖。

再根据江敏的话，我们可以推出她的组合对象可能是邱林或李晨，但由于邱林不可能与江敏组合，所以江敏只能与李晨组合。

再根据赵磊的话，我们可以推出他的组合对象可能是江敏或温松莲，但因为江敏只能与李晨组合，所以赵磊只能与温松莲组合。那么邱林只能与刘颖组合。

因此，本题的正确答案是邱林与刘颖组合，李晨与江敏组合，赵磊与温松莲组合。

117. 领导的姓氏

【谜题】

某单位人事处的处长、科长和秘书，恰好与三名员工的姓氏相同，三个姓氏为夏、田、何。

现在已知：

（1）姓田的员工家在上海；

（2）姓夏的员工在单位工作了 11 年；

（3）科长的家在上海与杭州之间；

（4）处长和科长中有一位姓何的领导经常批评秘书工作态度不严谨；

（5）员工中有一名和科长住在同一个小区，他的工龄是科长的两倍；

（6）与科长同姓的员工家住杭州。

根据上述这些条件，你能够推出处长、科长、秘书分别姓什么吗？

【解析】

根据条件（5），员工的工龄是科长的两倍，而姓夏的员工工龄为 11 年，无法被 2 整除，所以这名员工就不姓夏。而且这名员工与科长住在同一个小区，根据条件（3），科长家既不在上海，也不在杭州，所以这名员工也不是上海人或杭州人。那么他不姓田，只能姓何。

姓夏的员工就应该是家住杭州的人，根据条件（6），他与科长同姓，所以科长也姓夏。再代入条件（4），处长和科长中有一位姓何，而科长是姓夏的，所以处长就是姓何的，根据题干，秘书就是姓田的。

118. 公款失窃

【谜题】

一家公司的财务部发生了盗窃案，会计准备入账的 5 万元人民币不翼而飞。警方在调查后，确定是内部人员作案，可疑人员包括会计主管赵某，两名会计钱某和孙某，两名出纳李某和周某。

警方对这几人分别进行了调查，在调查过程中，他们每人都交代了三个事实：

赵某说："我没有偷窃，从小到大我没有偷过任何东西，我认为这件事是李某所为。"

钱某说："我没有偷窃，我家庭条件很好，不会做这种事情。我认为李某肯定知道这件事情是谁做的。"

孙某说："我没有偷窃，周某可以为我做担保，他最了解我的人品。我认为是李某偷的。"

李某说："我没有偷窃，是周某偷的，赵某在诬陷我。"

周某说："我没有偷窃，是钱某偷的，我跟孙某不熟，别听他瞎说。"

警方经过详细取证后，最终锁定了一名嫌疑人，而嫌疑人也对自己的罪行供认不讳。这时有一名警察发现之前这几人交代的事实中有两件是真实的，一件是虚构的。

那么，你能从这些条件中推出谁才是真正的嫌疑人吗？

【解析】

根据题干，所有人交代的三件事中都有一件是虚构的，而且他们之中只有一名嫌疑人。所以说自己没有偷窃，又指证他人偷窃的，肯定不是嫌疑人，否则就会与只有"一件虚构"的条件相矛盾。由此可见，赵某、孙某、李某、周某都不是嫌疑人，而钱某没有明确指证他人，那么只有可能钱某才是嫌疑人。

小提示： 本题也可以采用假设法一一推论，但过程比较麻烦，最后推出的结果也是钱某。

119. 户外活动排队

【谜题】

某公司正在举办户外体育活动，集合的时候，所有员工排成一列纵队。何平、吕一、施乐青、张希瑞、孔笙、曹思南六人平时关系不错，此时恰好排在一起。

已知在这六人中：

（1）曹思南没有排在最后，他与最后一人之间隔着两个人；

（2）孔笙没有排在最后；

（3）在何平的前面至少还有四个人，但他也没有排在最后；

（4）张希瑞没有排在第一位，他的前后至少都有两个人；

（5）施乐青没有排在第一位，也没有排在最后。

根据这些已知条件，你能够列出六人正确的排队顺序吗？

【解析】

将六人排队的位置分别记为 1 号、2 号、3 号、4 号、5 号、6 号。根据已知条件（1），曹思南不能排在最后，而他和最后一人之间隔着两个人，因此曹思南的位置是3号。

再根据条件（2）、条件（3）和条件（5），知道最后一位不能是孔笙、何平和施乐青，条件（4）规定张希瑞身后也有其他人，所以张希瑞也不是最后一位，那么最后一位只能是吕一。

根据条件（3），何平前面至少要有四个人，所以他不是5号就是6号，但由于6号已经被吕一占据，所以何平只能是5号。再根据条件（4），推出最符合张希瑞所在位置的是4号。

此时空余的位置只有1号和2号，根据条件（5），施乐青不是1号，所以他只能是2号。1号就是孔笙。

因此本题中六人的排队顺序是孔笙、施乐青、曹思南、张希瑞、何平、吕一。

120. 陈列展品

【谜题】

詹文远代表公司参加了一个科技展览会，为了布置好展台上的八件展品，他很是花费了一番心思。最后詹文远选择将展品横向排列于展台上，具体布置的情况如下：

（1）展品A和展品B分别位于展台的两端；

（2）展品C位于展品D的旁边；

（3）展品C与展品E之间隔了两个展品；

（4）展品F在展品E的旁边；

（5）展品F与展品B之间的距离比展品F和展品A之间的距

离近；

（6）展品 G 在展品 C 的旁边；

（7）展品 H 与展品 E 之间隔了四个展品；

（8）展品 H 在展品 D 的旁边。

根据上述这些条件，你能够推出展台的具体安排情况吗？

【解析】

根据条件（2）、条件（6）、条件（8），我们可以知道展品 H、D、C、G 需要排列在一起，又因为条件（3）中 C 与 E 隔两个展品，条件（4）中 E 和 F 相邻，条件（7）中 H 与 E 之间隔四个展品，所以这几个展品的排列顺序是 H、D、C、G、F、E。

再根据条件（1）、条件（5），可以推出所有的展品顺序是 A、H、D、C、G、F、E、B。

121. 小区家庭竞赛

【谜题】

某小区举办了一次有奖知识竞赛，经过激烈的角逐后，有五个家庭闯入了最后的决赛，其中每个家庭各出两名成员。在决赛阶段，会依次进行四场比赛，每场比赛每家需要派出一名成员参加，但不能多于一名成员。

现在已知：

（1）第一场比赛的参赛选手有甲、乙、丙、丁、戊；

（2）第二场比赛的参赛选手有己、乙、甲、丁、庚；

（3）第三场比赛的参赛选手有丙、辛、甲、壬、己；

（4）第四场比赛的参赛选手有庚、甲、乙、辛、戊；

（5）有一位癸选手因为单位有急事，没能参加这次决赛中的任何一场比赛。

根据以上这些条件，你能够推出哪些选手是一家人吗？

【解析】

由于癸选手没有参加任何比赛，而每场比赛又要有各家的成员，所以和癸选手一家的那位选手不得不参加了所有的四场比赛，根据条件（1）、条件（2）、条件（3）、条件（4），我们可以轻松找出这位选手就是甲。

又因为每场比赛每家只能出一人，所以同场比赛中的选手都不是一家人。如条件（1）中，乙和丙、丁、戊都不是一家人，条件（2）中乙和己、丁、庚都不是一家人，条件（4）中乙和庚、辛、戊不是一家，那么乙只能和壬是一家。

条件（1）中，丙和丁、戊不是一家，条件（3）中丙和辛、己不是一家，所以丙只能和庚是一家。

通过同样的方法，我们可以推出丁和辛是一家，戊和己是一家。

所以本题的正确答案是，甲和癸、乙和壬、丙和庚、丁和辛、戊和己分别是来自五个家庭的参赛选手。

122. 谁和李乐一起出差

【谜题】

李乐和五个同事住在同一间宿舍中，他们分别是甲、乙、丙、丁和戊。

现在已知：

（1）这五个同事的年龄正好分为两档：三个是“80后”，两个是“90后”；

（2）有三个同事在销售部工作，两个在服务处工作；

（3）甲和丙属于相同的年龄档；

（4）丁和戊属于不同的年龄档；

（5）乙和戊所在部门相同；

（6）丙和丁所在部门不同；

李乐准备和其中一位“90后”的服务处员工一起出差，你知道和李乐一起出差的是谁吗？

【解析】

根据已知条件（1）、条件（3）、条件（4），可以推出丁或戊肯定有一人与甲、丙在同一年龄档，因此甲、丙肯定是“80后”，李乐不会与甲、丙一起出差；

再根据条件（2）、条件（5）、条件（6），可以推出丙或丁肯定有一人与乙、戊所在部门相同，所以乙、戊肯定在销售部工作，李乐也不会与乙、戊一起出差。

因此，和李乐一起出差的就是丁。

如果进一步推理的话，我们还能够推出其他人的年龄档和所属部门。分别是甲，“80后”，服务处；乙，“90后”，销售部；丙，“80后”，销售部；丁，“90后”，服务处；戊，“80后”，销售部。

123. 恋人的相遇

【谜题】

顾晴和李重阳是在电影院相遇并建立恋爱关系的，两个人都是电影爱好者，经常会抽出业余时间到电影院看电影。不过因为工作的关系，他们到电影院的时间几乎不重合。就拿他们相遇的那个5月来说，整整31天里，只有1天是他们都去电影院的日子，恰恰就是在那一天，他们认识了彼此，所以他们都说这是“奇妙的缘分”。

回顾那个月的生活，他们发现了这样的细节：

（1）李重阳是从5月的第一个星期一开始去电影院的；

（2）此后李重阳每隔4天（也就是第5天）会再去一次；

（3）顾晴是从5月的第一个星期二开始去电影院的；

（4）此后顾晴每隔3天（也就是第4天）会再去一次。

根据以上这些条件，你能够推出顾晴和李重阳究竟是在5月的哪一天相遇的吗？

【解析】

根据条件（1）和条件（3），不难推出顾晴5月第一次去电影院的日子可能是李重阳第一次去电影院那天的第2天，也可能是李重阳第一次去电影院那天的前6天。

假如是前者，那么李重阳第二次去电影院就会遇到顾晴，而且在20天后又会相遇，这与题设中规定的两人在31天内只有一次相遇的可能是矛盾的，所以前者不成立，后者成立。

在后者成立的前提下，我们还要考虑到顾晴是在第一个星期二去电影院的，这个日子不能晚于5月1日，否则李重阳去电影院的日子就不会是当月的第一个星期一了。因此，顾晴5月1日开始去电影院，李重阳在6天后，即5月7日去电影院。

根据条件（3）和条件（4），我们可以列出两人去电影院的日期分别为：

顾晴：1日，5日，9日，13日，17日，21日，25日，29日；

李重阳：7日，12日，17日，22日，27日。

由此可见，他们只能在5月17日相遇，而这就是本题的正确答案。

124. 各有特点的销售员

【谜题】

某公司销售部门有三名优秀的员工，他们各自有一些非常突出的特点。其中有两名口才特别好，有两名十分诚实，有两名非常细心，有两名特别热情，而且他们每人最多只有三个突出的特点。

现在已知：

（1）对于销售员韩刚来说，下面的说法是正确的：如果他口才好，那么他也很热情。

（2）对于销售员叶文和刘明远来说，下面的说法是正确的：如果他非常诚实，那么他也非常细心。

（3）对于韩刚和刘明远来说，下面的说法是正确的：如果他很热情，那么他也非常细心。

根据上述条件，你知道哪位销售员不具有热情的特点吗?

【解析】

根据条件（1）和条件（3），如果韩刚口才好，那么他也会非常细心；而在他很热情的情况下，他也会非常细心。再根据题目的前提条件，如果韩刚口才不好也不热情的话，那么他也要具有细心的特点，所以无论哪一种情况，韩刚都会具备细心的特点。

根据条件（2），如果刘明远非常诚实，那么他也非常细心；根据条件（3），如果刘明远很热情，那么他也非常细心。再根据题目的前提条件，如果刘明远不诚实也不热情的话，那么他也要具有细心的特点。所以无论哪一种情况，刘明远都会具有细心的特点。

由于一个特点只能被两人拥有，所以叶文就不会具备细心的特点了。再根据条件（2），可知叶文也不具备诚实的特点，那么叶文具备的特点只能是口才好和热情。

由于诚实的特点必须为两人拥有，而叶文不具备诚实的特点，所以韩刚和刘明远都具有诚实的特点。这样韩刚就已经确定具备了两个特点——诚实和细心，根据条件（1），如果韩刚口才好的话，他也会很热情，这样就成了四个特点，与题目前提条件“每人最多只有三个突出的特点”不符合，所以韩刚不具备口才好的特点。那么，刘明远就具备了口才好的特点。因此刘明远的特点已确定有三个——诚实、细心、口才好，他不可能再具备热情的特点，否则就与“每人最多只有三个突出的特点”矛盾了。

所以本题正确的答案就是刘明远。

125. 舞蹈比赛结果

【谜题】

陈思思、叶丽娜、蒋倩是三个热爱舞蹈的女孩。2018 年春天，她们参加了一个舞蹈比赛，并成功进入了复赛。在复赛中，她们将面对甲、乙、丙、丁、戊、己、庚七位评委，想要晋级，就要赢得至少四位评委的支持票。而且这些评委每人都要做出表决，不能弃权。

现在已知：

（1）评委甲对三个女孩投了三张否决票；

（2）除了评委甲以外，其他评委每人至少投了一张支持票、一张否决票；

（3）评委乙对陈思思投了否决票；

（4）评委庚对叶丽娜、蒋倩都投了否决票；

（5）评委丙和评委丁的投票情况相同；

（6）评委己和评委庚的投票情况相同。

根据以上条件，请你为下面这几个问题找出正确的答案：

问题1：哪位评委一定给陈思思投了支持票？

A. 评委乙　B. 评委丙　C. 评委丁

D. 评委戊　E. 评委庚

问题2：给叶丽娜投了支持票的最多有几位评委？

A. 两位　B. 三位　C. 四位

D. 五位　E. 六位

问题3：以下说法中，哪一个肯定是错误的？

A. 评委乙和评委丙对同一个女孩投了支持票

B. 评委乙和评委庚对同一个女孩投了支持票

C. 评委乙投了两张否决票、一张支持票

D. 评委丙投了一张否决票、两张支持票

E. 评委己投了两张否决票、一张支持票

问题4：如果三个女孩中有一个能够成功晋级，那么以下哪一位评委最有可能投了支持票呢？

A. 评委乙　B. 评委丙

C. 评委己　D. 评委庚

问题5：如果评委戊和评委庚的意见一样，那么以下说法肯定正确的是哪个呢？

A. 陈思思将成功晋级　B. 陈思思将被淘汰

C. 叶丽娜将成功晋级　D. 叶丽娜将被淘汰

E. 蒋倩将成功晋级

问题 6：如果评委丙给叶丽娜和蒋倩都投了支持票，那么以下哪个说法肯定正确呢？

A. 陈思思将成功晋级　　B. 陈思思将被淘汰

C. 叶丽娜将成功晋级　　D. 叶丽娜将被淘汰

E. 蒋倩将成功晋级

【解析】

这道题的题干看似复杂，但根据条件一一推演，还是很容易找到正确答案的。

对于问题 1，根据条件（2），除了评委甲以外，其他评委每人至少投了一张支持票，一张否决票；再根据条件（4），评委庚对叶丽娜、蒋倩都投了否决票；所以评委庚的另外一票只能是支持票，而这一票只能投给陈思思，所以问题 1 的正确答案为 E 选项。

对于问题 2，根据条件（6），可知评委己和评委庚的投票情况相同，也就是说对于叶丽娜，评委己、评委庚都投了否决票；再根据条件（1），评委甲对三个女孩投了三张否决票；所以叶丽娜至少被三位评委否决，那么给她投支持票的评委最多为 7–3=4（位），所以问题 2 的正确答案为 C 选项。

对于问题 3，根据条件（3），评委乙对陈思思投了否决票；而前面又推出评委庚是支持陈思思的，所以两人投支持票的情况不同，这道题目的正确答案就是 B 选项。

对于问题 4，假设成功晋级的是陈思思，由于她已经拥有了来自评委己和评委庚的两张支持票，所以她肯定从评委丙、丁、戊手中获得了至少两张支持票；假设成功晋级的是叶丽娜和蒋倩，由于她们各自拥有三张否决票，所以必须分别从评委乙、丙、丁、戊手中再获得四张支持票；由此可见，如果有人晋级的话，丙、丁或戊就投了赞成票，选项中只有 B 符合，故选择选项 B。

对于问题 5，如果评委戊与评委庚的意见一致，也就是说评委戊也给陈思思投了支持票，给叶丽娜和蒋倩投了否决票，那么叶丽娜和蒋倩的否决票就高达四张，肯定都会被淘汰，选项中只有 D 符合要求，故选择选项 D。

对于问题 6，如果评委丙给叶丽娜和蒋倩都投了支持票，那么根据条件（2），除了评委甲以外，其他评委每人至少投了一张支持票、一张否决票，可知评委丙给陈思思投的肯定是否决票；再根据条件（5），评委丙和评委丁的投票情况相同，可知评委丁给陈思思投的也是否决票，这样陈思思的否决票就达到了四张，肯定会被淘汰，选项中只有 B 项符合要求，故选择选项 B。

126. 母亲节的花束

【谜题】

母亲节到了，小张准备给自己的母亲和几个朋友的母亲分别送上一束美丽的鲜花。她来到花店，咨询了工作人员后，准备订 5 束鲜花，每束花有 8 朵，颜色为红色、粉色、黄色和白色的组合，每种颜色的鲜花各有 10 朵。为了让花束看起来更有个性，小张要求工作人员把鲜花的颜色搭配好，每一束中不同颜色的鲜花数量不能相同，而且每种颜色至少都要有一朵。

没过多久，5位母亲就收到了这些鲜花，她们对于这份礼物都感到十分满意。其中张妈妈收到的花束中，红色鲜花数量最多，比其他几种颜色的鲜花加起来还多；周妈妈收到的花束中，粉色的鲜花比其他任何一种颜色的鲜花数量都要少；纪妈妈收到的花束中，红色鲜花和黄色鲜花的数量加起来，刚好和粉色、白色鲜花加起来的数量相等；吴妈妈收到的花束中，黄色鲜花是白色鲜花的数量的两倍；唐妈妈收到的鲜花中，粉色鲜花的数量和白色鲜花的数量一样多。

根据这些条件，你能够推出每位母亲收到的花束包含的各种颜色的数量吗？

【解析】

根据已知条件，鲜花共有40朵，红色、粉色、黄色和白色每种颜色各10朵，每束鲜花各8朵。而且每束鲜花中，颜色搭配不是平均分布的，也就是不会出现每种颜色各2朵的情况。

张妈妈收到的红色鲜花比其他几种颜色加起来还多，只有可能是红色鲜花5朵，其他颜色的鲜花每种各1朵。

周妈妈收到的粉色鲜花比其他任何一种都少，只有可能是粉色鲜花1朵。又因为张妈妈已经收到了5朵红色鲜花，所以其他人的红色鲜花最多只有2朵，因此周妈妈有2朵红色鲜花，其他妈妈各有1朵红色鲜花。周妈妈的其他5朵鲜花则分别是2朵黄花、3朵白花或3朵黄花、2朵白花。

纪妈妈收到的红色鲜花与黄色鲜花相加的数量等于粉色鲜花与白色鲜花相加的数量，也就是说红色鲜花与黄色鲜花相加的数量为 8 ÷ 2=4（朵），又因为红花有 1 朵，所以黄花有 3 朵。

根据上述条件，黄色鲜花还剩 4 朵或 3 朵，而吴妈妈收到的鲜花中，黄色鲜花的数量是白色鲜花的 2 倍，而唐妈妈至少要有 1 朵黄色鲜花、1 朵白色鲜花，所以吴妈妈有 2 朵黄色鲜花、1 朵白色鲜花、4 朵粉色鲜花。倒推回周妈妈的花束，周妈妈有 3 朵黄色鲜花、2 朵白色鲜花。

唐妈妈的黄色鲜花有 1 朵，红色鲜花有 1 朵，为了满足粉色鲜花与白色鲜花相等的条件，粉色鲜花只能有 3 朵，白色鲜花有 3 朵。

因此这道题目的正确答案是张妈妈有红色鲜花 5 朵、粉色鲜花 1 朵、黄色鲜花 1 朵、白色鲜花 1 朵；

周妈妈有红色鲜花 2 朵、粉色鲜花 1 朵、黄色鲜花 3 朵、白色鲜花 2 朵；

纪妈妈有红色鲜花 1 朵、粉色鲜花 1 朵、黄色鲜花 3 朵、白色鲜花 3 朵；

吴妈妈有红色鲜花 1 朵、粉色鲜花 4 朵、黄色鲜花 2 朵、白色鲜花 1 朵；

唐妈妈有红色鲜花 1 朵、粉色鲜花 3 朵、黄色鲜花 1 朵、白色鲜花 3 朵。

127. 相亲节目的结果

【谜题】

赵刚、宋清、吕乐、刘斌、吴涛五个年轻人参加了电视台组织的一档相亲节目，最后成功与五位女嘉宾牵手。

已知（1）赵刚的女友不是模特，模特的名字也不叫梦梦；

（2）出纳的男友来自吉林，他不是宋清；

（3）宋清来自陕西；

（4）吕乐与一位医生牵手成功；

（5）幼教的名字叫佳佳；

（6）刘斌来自广东，与他牵手的是一位话剧演员；

（7）宋清的女友不是那位名叫张芳的话剧演员；

（8）来自陕西的男士的女友是一位幼教；

（9）晶晶和她的男友是同乡，他们都来自吉林；

（10）吴涛不是从福建来的，吕乐也不是从内蒙古来的；

（11）美仪和她的男友来自同一个省，但不是来自广东。

根据这些已知条件，你能够推导出这几个年轻人都来自哪个省吗？与他们牵手的女嘉宾分别是什么职业，叫什么名字呢？

【解析】

我们可以根据已知条件进行推理，同时采用演绎法的思路，一步步得到正确答案。先从条件（6）和条件（7）中可以知道刘斌来自广东，与他牵手的是张芳，一位话剧演员。

再根据已知条件（3）、条件（5）和条件（8）可以推出宋清来自陕西，与他牵手的是佳佳，一位幼教。

根据条件（4）和条件（1）可以排除赵刚的女友是医生和模特的可能，那么赵刚的女友只能是出纳，根据条件（2），赵刚来自吉林，根据条件（9），赵刚的女友名叫晶晶。再根据条件（10），可以推出吴涛来自内蒙古，吕乐来自福建。

现在只剩下梦梦和美仪两个名字，根据条件（1），模特的名字可以排除梦梦，所以模特只能叫美仪，医生就只能叫梦梦了。

因此这道题的正确答案如下：

赵刚来自吉林，与出纳晶晶牵手；宋清来自陕西，与幼教佳佳牵手；吕乐来自福建，与医生梦梦牵手；刘斌来自广东，与话剧演员张芳牵手；吴涛来自内蒙古，与模特美仪牵手。

小提示：由于题目线索太多，在解答的时候还可以采用连线法来解答。可以将题目中所有的姓名、省名、职业名都列在纸上，再将相关的项目进行连线，这样可以让思维过程更加清晰。

128. 入住酒店的嫌疑人

【谜题】

某市发生了一起重大刑事案件，警方根据线索得知嫌疑人曾经入住当地一家豪华酒店。经过排查，警方将怀疑对象的范围缩小为陈州、谢启波、赵健、孟晚唐四人，他们分别于前一个月的不同时间入住该酒店，之后又于不同时间退房离开。但由于数据库出现了问题，具体的入住资料很不全面。

目前警方掌握的线索只有以下几条：

（1）在酒店停留时间最短的是陈州，最长的是孟晚唐。谢启波和赵健的停留时间则大致相同（注意：在计算停留时间时，不足 1 天也算作 1 天，如 11 日入住，12 日离开，停留时间算作 2 天）；

（2）孟晚唐不是 12 日离开的；

（3）孟晚唐入住的时候，赵健已经住进了酒店。

又知道四人入住的时间分别是 5 日、6 日、7 日、8 日。离开的时间分别是 9 日、10 日、11 日、12 日。

那么，你能解开这个入住之谜，确定四人各自的入住时间和离开时间吗？

【解析】

根据已知条件，孟晚唐入住的时间最长，而且他肯定不是 5 日入住的，因为在他之前就已经有人入住了酒店，而且他也不是 12

日离开的。那么，想要让他的入住时间最长，他就应当是6日入住，11日离开，这样他的停留时间就有6天。

这样赵健的入住时间就是5日，想要让他的停留时间与谢启波相同，且不能大于孟晚唐的入住时间，那就只能是9日离开，停留5天（可以分别代入其他日期简单计算，即可排除其他日期）；谢启波的入住时间是8日，12日离开，停留时间也是5天。

那么陈州的入住时间就是7日，离开的时间是10日，停留时间是4天，与已知条件完全吻合。

129. 交换小说的书迷

【谜题】

赵一、钱二、孙三、李四、周五是五个志同道合的好朋友，他们都特别喜欢看侦探小说，每个月在买书上花费了不少钱。为了节约开支，赵一提议以后每个月大家各买一本小说，然后相互交换着看，这样大家就能用一本书的钱看五本书了。

由于他们每个人看书的进度差不多，小说的篇幅也相差不大，所以他们可以同时进行交换。在经过几次交换后，每个人都读完了五本侦探小说。

已知赵一最后读的书是钱二读的第二本书，孙三最后读的书是钱二读的第四本书，孙三读的第二本书是赵一读的第一本书，李四第三次读的书是孙三读的第一本书，李四最后读的书是孙三读的第三本书，钱二读的第四本书是周五读的第三本书。

根据这些已知线索，你能够推导出每个人的读书次序吗？

【解析】

假设五个人最后读的书依次编号为 A、B、C、D、E，那么根据已知条件，钱二读的第二本书是 A，第四本书是 C，周五读的第三本书也是 C，孙二读的第二本书是 D。

这样钱二除了第一本和第三本书之外，其他次序都已确定，所以钱二的第一本书和第三本书只能在 D 或 E 中选择。但由于孙三的第三本书也是 D，同一本书不能同时被两个人阅读，所以钱二的第三本书只能是 E，第一本书只能是 D。

同样的道理，所有人的第三本书已经确定了三本 E、D、C，赵一和李四的第三本书只能在 A、B 中选择，但由于赵一读的最后一本书就是 A，所以赵一的第三本书只能是 B，李四的第三本书只能是 A。

再根据已知条件，李四第三次读的书是孙三的第一本书 A，确定了孙三读的三本书 A、D、C，孙三的第二本书和第四本书只能在 B、E 中选择，又由于赵一读的第一本书恰好是孙三读的第二本书，而赵一读的书中已经有 B 了，所以孙三的第二本书只能为 E，第四本书只能为 B，赵一读的第一本书就是 E。

以同样的方法依次推理，最后得出的顺序就是赵一：E、C、B、D、A；钱二：D、A、E、C、B；孙三：A、E、D、B、C；李四：C、B、A、E、D；周五：B、D、C、A、E。

小提示： 如果感觉推理比较烦琐的话，还可以采用列表填空的方法解决这道题目，思维的过程则是完全一样的。

130. 被偷走的药剂

孟教授的化学实验室刚刚合成了一种最新药剂，这种药剂是针对一种新型流行疾病开发的，非常宝贵。可是一个星期六的早上，孟教授来到实验室时，却发现药剂被人偷走了。由于药剂的保管程序非常复杂，孟教授认为有能力偷走药剂的只能是内部人员，而且他已经将怀疑对象缩小为三个人，分别是自己的助手李海、陈哲文和曲靖。

现在已知：

（1）本周化学实验室的工作日只有五天；

（2）李海的工作天数是两天；

（3）陈哲文的工作天数是三天；

（4）曲靖的工作天数是四天；

（5）孟教授的工作天数是三天；

（6）三个助手各有两天是与孟教授一起工作的；

（7）三个助手每天出现的组合各不相同；

（8）在孟教授工作的一天，三个助手中有两个出现了，另一个没有出现，事实证明出现的这两个助手没有偷取药剂。

那么，偷走药剂的到底是三个助手中的哪一个呢？

【解析】

为了简化思考，我们可以先用字母 A、B、C 来分别代替李海、陈哲文、曲靖。根据已知条件，李海只出现两天，陈哲文出现三天，曲靖出现四天，而且他们每天出现的组合不相同。我们不妨列出所有可能的组合，李海的组合有 A、AB、AC、ABC（从中选两个）；陈哲文的组合有 B、AB、BC、ABC（从中选三个）；曲靖的组合有 C、AC、BC、ABC（从中选四个），因此曲靖的四个组合全部中选，由于这四个组合中 A 已经出现了两次，所以李海的组合就不能再中选，陈哲文的组合中只能选择 B。

最后得到五种组合 C、AC、BC、ABC、B，已知每人都要有两天与教授一起工作，而李海只工作两天，所以 AC、ABC 的组合在教授工作时是必然会出现的，又因为条件（8）指出偷药剂的是教授工作日中没有出现的助手，在 AC 组合中，没有出现的人是陈哲文，所以偷走药剂的就是陈哲文。

第五章

分析解谜：挖掘关键脉络，找出答案

很多逻辑题目中都包含着关键性的脉络或“题眼”，如果我们能够发挥自己的分析能力，准确地识别并抓住这些具有隐藏性的关键点，再进行适当的推演，就能让思路变得十分清晰，而答案也就近在眼前了。

131. 伪造的借条

【谜题】

潘兴与陈定华因为一笔借款发生了纠纷，后来潘兴将陈定华告上了法庭，要求陈定华归还 1.8 万元借款。

在法庭上，法官要求潘兴出示借款的凭据，潘兴拿出了一张皱巴巴的纸条，只见上面写着："今日因个人财务紧张借潘兴人民币壹万捌仟元，借款人陈定华。借款日期：2015 年 2 月 29 日……"

法官看到借条后，变得严肃起来，他对潘兴说："你到底有没有借钱给陈定华？请你如实交代，伪造借条是要负法律责任的。"

潘兴的脸色刷的一下变白了，他嗫嚅了半天，最终承认借条确实是自己伪造的。

请问，你知道法官是怎么发现问题的吗？

【解析】

这是一道非常简单的分析型逻辑题，我们在思考时要注意不要被借款金额、借款人姓名之类的细节所迷惑，而是应当直接抓住关键点"借款日期是 2 月 29 日"，由于 2 月只在闰年才有 29 天，但 2015 年并不是闰年，所以这个日期是虚构的，那么借条也应当是伪造的。法官就是从日期上发现了纰漏，才揭穿了潘兴伪造借条的不法行为。

132. 丢失的钞票

【谜题】

马丽是一个粗心的家庭主妇，她经常把钱随便乱放，等到要用的时候就到处寻找。有一天，马丽发现自己前一天放在书桌上的600元钱不见了，她翻遍了自己可能放钱的地方，都没有找到。正好丈夫走了进来，马丽就问他有没有看见过这些钱。

丈夫想了想，说："我看见了，怕你弄丢，就给你夹在一本书里。"可是马丽翻遍了那本书，也没有找到钱。

这时马丽的孩子，一个15岁的小男孩走了进来，马丽问他有没有看见自己的钱。男孩连忙说："我看见了，就在书里夹着，我还记得是在57页和58页之间。"

马丽思考了一分钟，严肃地对男孩说："是你把钱拿走了吧，快点还给妈妈。"

男孩吓了一跳，见无法抵赖，只好承认是自己拿走了钱。

你知道马丽是怎么识破孩子的谎言的吗？

【解析】

这道题可以通过分析法来解答，在解题时我们需要抓住一个关键点，那就是钱被夹在"57页和58页之间"，但事实上一本书的奇数页和偶数页恰是一页的正反面，所以孩子说把钱夹在里面是不可能做到的，可见是孩子说谎了，钱就是他拿走的。

133. 营运总监的年龄

【谜题】

在一家互联网公司里，你是营运总监，在你之下设有5名部门经理、8名副经理、10名招商顾问、22名营业员、3名采购员、2名仓库管理员和2名客服专员。请问营运总监的年龄是多大呢？

【解析】

这是一道非常简单的分析题，在解题的过程中我们只要抓住关键点“你是营运总监”就足够了。这道题目实际上问的就是读者自己的年龄，至于其他纷繁复杂的信息其实都是用来迷惑我们的无用信息，这也提醒了我们在分析逻辑题目的时候一定要学会删除无用的信息，抓住有价值的信息，才能以最快的速度获得最准确的答案。

134. 合唱团排队

【谜题】

吕楠楠参加了一个业余青年合唱团。在排练时，她因为个子较高，被安排站在了最后一排。这一排无论从左数还是从右数，吕楠楠都是第13位。那么，吕楠楠所在的这一排一共有多少人呢？

【解析】

对于这道题，我们可以这样理解，在吕楠楠左边有 12 人，在她右边还有 12 人，这样一排除，吕楠楠以外就有 12+12=24（人），再加上吕楠楠本人，总人数就是 25 人。

135. 生门和死门

【谜题】

很久以前，一位国王想要为自己的独生女儿寻找一位驸马。很多优秀的年轻人都来应选，经过一轮又一轮的考验后，还剩下三位优秀的青年。国王不知该选择哪一位，就给他们出了这样一道考题。

国王派人在御花园中安装了三扇不同颜色的木门，分别是黑色、白色和绿色。国王对三位青年说："这三扇木门中，有一扇是生门，有两扇是死门，你们各选一扇门，谁选中了生门，就能够迎娶我的女儿；谁要是选中了死门，就要接受严厉的惩罚。"

三位青年你看看我，我看看你，谁都不敢先去挑选。幸好国王的女儿，美丽善良的公主也来到了这里，她不忍心看这三个年轻人受罚，就给了他们一个提示："相对者是危险的。"

听到公主的提示后，三个年轻人都开始思考起来，其中一个年轻人最聪明，他马上就知道了哪扇门是生门，然后打开了生门，娶到了公主。

你知道他是怎么猜到的吗？

【解析】

这道题目的难度不高，关键点是注意把握公主所说的“相对者”，我们可以将其理解为“颜色相反”，而三扇门中黑色和白色恰是颜色相反的，所以这两扇门是危险的，那么剩下的绿色门就是安全的，而年轻人也是因为想到了这一点，才解开了这个谜题。

136. 最大的数

【谜题】

逻辑爱好者小贾对自己的朋友刚子说：“考考你，用1、2、3能够组成的最大的数字是多少？”刚子不假思索地回答：“那肯定是321啊！”小贾笑着说：“错啦，再想想，别忘了发挥你的逻辑思维。”

刚子想了半天也没能想出答案，你知道这个最大的数字是多少吗？

【解析】

运用发散思维来分析，就不会将思路局限于简单排列数字上。事实上，对于这道题目，如果我们能够想到“乘方”，就能够找到正确答案，也就是说1、2、3组成的最大的数字是3^{21}。

137. 货车过桥洞

【谜题】

一位货车司机开着满载的货车驶入了市区，在经过一座立交桥的时候，司机遇到了麻烦：货车车厢的高度比桥洞顶部高出正好1厘米，无法通过。你能在不破坏车厢的情况下帮司机想个通过桥洞的好办法吗？

【解析】

要解决这道题目，需要发挥我们的发散思维去分析。想要让汽车通过桥洞，就需要降低车厢的高度。在不破坏车厢的前提下，我们可以从轮胎想办法，只要给轮胎放一点气，就能让车厢高度下降一些，这样就可以安全地通过桥洞了。

138. 它是怎么超车的

【谜题】

姜铁洋买了一辆新车，他带着自己的朋友郑伦到郊外的湖畔游玩。在湖畔的公路上，他们的车开在前面，后面跟着一辆又破又旧的小面包车。郑伦对姜铁洋说："开快点，甩掉他！"姜铁洋加快了速度，一下子就把面包车远远甩到了后面。

郑伦觉得有些无聊，就靠在座椅上闭目养神了一会儿，没想到他再睁开眼睛的时候，竟然发现面包车开在他们这辆车的前头。这可把郑伦惊呆了，这条公路很窄，只容得下一辆车通过，而且面包车又开得那么慢，它到底是怎么超车的呢？

【解析】

这道题目的答案其实非常简单，我们只要注意一点，绕湖的公路是环线，那么问题就迎刃而解了。因为姜铁洋把车开得很快，所以他已经绕湖一圈，又一次追上了面包车。而郑伦因为闭目养神没看到这一幕，才会产生被面包车“超车”的错觉。

139. 剩下的蜡烛

【谜题】

王晓航住的小区最近总是停电，于是他买了一大包蜡烛，共20根。这天晚上九点钟的时候，果然又停电了。王晓航赶紧点起了蜡烛，他在每个房间都点了几根蜡烛，总数是11根。

不过有个房间的窗户没有关好，风吹进来，有2根蜡烛熄灭了。又过了一会儿，另一个房间的2根蜡烛也熄灭了。王晓航赶紧检查了一下门窗，后来再也没有蜡烛被风吹灭过。

那么，你知道最后剩下的蜡烛有几根吗？

【解析】

对于这道题目要注意分析一点：一直在燃烧的蜡烛最终会燃尽，

而中间被吹灭的4根蜡烛则能保留下来。再加上王晓航一共拥有20根蜡烛，使用了11根，还剩9根，所以最后剩下的蜡烛是9+4=13根。

140. 公平合理的分餐

有一群伐木工人经常在野外作业，到了午休的时候，公司会派人给他们送来一桶米饭、一桶配菜，由这些工人自己进行分配。最开始他们你争我抢，结果经常把饭菜弄洒，谁也吃不好这顿饭。一个伐木工人就提议找一个人来给大家分餐，这个建议被大家接受了。

为了公平合理，他们采取每个人轮流分餐的办法，可是这样也会出现问题，因为负责分餐的这个人会给自己和关系好的工人多分配一些饭菜，导致有的人分得多，有的人分得少。于是又有人提出三人互相监督分餐，这样倒是公平了很多，可是每次分餐都要经过三人反复比较多次，会耽误不少时间，等到大家终于吃到饭菜的时候，饭菜常常都凉透了。

就这样，分餐的问题一直没有找到好的解决办法，你能帮这些工人想个好主意吗？

【解析】

想要解决这个问题，其实有一个最为简单的办法。我们不妨将工人的总数设为N，然后派其中一个人A分配饭菜，A把饭菜分为N分，然后让其他（N–1）个工人各挑选一份，A拿走最后剩下的那份。

因为A没有挑选的余地，所以他为了保护自己的利益，只能在最开始的时候就尽量把饭菜分配得十分平均，以免自己“吃亏”。在这种情况下，所有的工人也就都能得到数量平均的一份饭菜了。

141. 天平称重

【谜题】

小陈是某工厂的质检员，有一天他接到一个任务——检测三个金属零件 A、B、C 是否合格。小陈首先要对三个零件称重，但是他手头只有一架天平，而且只能称 100 克以上的物品重量，可是这三个零件的重量都在 50~100 克。该怎么称重呢？小陈感到十分困惑。

你能帮小陈想个称重的好办法吗？

【解析】

想要解决这个问题，需要分析出这样一点：由于天平只能称 100 克以上的物品，所以单个零件的重量无法称量，只能称两个或者三个零件的重量。根据这一点，我们可以先称 A 和 B 两个零件的总重量，再称 A、B、C 三个零件的总重量；用后者减去前者，就能得到 C 的重量了。

同样，我们还可以用 A、B、C 三个零件的总重量减去 A、C 两个零件的总重量，就能得到 B 的重量；用 A、B、C 三个零件的总重量减去 B、C 两个零件的总重量，就能得到 A 的重量。

142. 两人是什么关系

【谜题】

宋清和朋友一起逛街，遇到了两个熟人 A 和 B。宋清指着 A，给朋友介绍道："A 是 B 的孩子。" B 马上开了个玩笑道："我不是 A 的妈妈，A 也不是我的儿子。" 宋清的朋友感到有些惊讶，B 又补充道："我和宋清说的都是实话。" 朋友这才想明白，大家一起笑了起来。

根据这段话，你能分析出 A 和 B 到底是什么关系吗？

【解析】

根据题意，宋清说的是真话，那么 A 确实是 B 的孩子。不过由于题目中没有说明 A 和 B 各自的性别，所以 A 可能是 B 的儿子或女儿，B 可能是 A 的爸爸或妈妈。B 通过开玩笑的方式说明了"自己不是妈妈，A 也不是儿子"，那么 A 只能是 B 的女儿，B 只能是 A 的爸爸，两人是父女关系。

143. 容器中的细胞

【谜题】

生物学家周先生正在观察一种半合成有机体的细胞分裂过程，他发现这种有机体每隔 3 秒钟分裂一次，变成两只，再过 3 秒钟就会变成四只……

如果最初容器中只有一只这种有机体，那么3分钟后，它们将通过不断分裂占据容器中的所有空间。现在周先生准备在容器中放入两只这种有机体，那么它们会用多长时间占满容器呢？

【解析】

这道题如果用计算的思路去解答，就会耗费很多时间，而且不一定能够得到正确的答案。实际上，我们完全可以用分析法的思路来考虑问题。因为在容器中放入一只这种有机体后，只要经过3秒它就会分裂为两只，这之后的变化和一开始就在容器中放入两只有机体的情况是一样的，相差只有最初的3秒。

因此，放入两只有机体后，它们会在2分57秒（3分钟再减掉3秒）后占满容器。

144. 兼职稿费分配

【谜题】

一家出版社准备翻译一批稿件，因为任务繁重，编辑老师联系了两名兼职译者甲和乙，两人各自承包了一半任务——一人翻译10篇稿件。已知甲翻译一篇3000字的稿件需要两天时间，乙需要三天时间，但是乙修改的时间比甲少20%。出版社准备支付15000元稿费给两人，请问编辑老师该如何分配这些稿费呢？

【解析】

这道题的题干带有一定的迷惑性，我们在审题的时候要把握关键词语“各自承包了一半任务”，也就是说不管甲和乙谁翻译得快或修改得快，他们的工作量都是一样的，而且题干中也没有涉及对工作质量的要求，所以只考虑工作量的话，稿费应当采取平均分配的办法，也就是说，甲、乙各得到 7500 元稿费。

145. 巧分蛋糕

【谜题】

雷畅过生日，朋友给他买了一个大蛋糕。准备切蛋糕的时候，一位朋友提了个问题：“现在在场的有八个人，谁能把蛋糕切成八份分给每个人，同时蛋糕盒里还要留有一份呢？”雷畅听到这个问题就笑了起来，他拿起了餐刀，按照朋友的要求分好了蛋糕，大家都夸奖他真聪明。

你知道雷畅是怎么分蛋糕的吗？

【解析】

这是一道非常简单的分析题，但有不少人看到题目后常常陷入过度复杂的思考，导致本题无解。事实上，只要把蛋糕平均切成 8 份，拿出其中的 7 份分给 7 个人，剩余的一份连同盒子一起分给第八个人就能解决问题。

146. 背包的颜色

【谜题】

一群大学生到郊外去游玩，他们每人都背着背包，背包的颜色不是黑色就是白色。在背着黑色背包的人看来，黑背包的数量和白背包一样多；可是在背着白背包的人看来，黑背包的数量是白背包的两倍。这到底是怎么回事呢？

【解析】

在解答这道题时，我们先要通过分析法找到一个关键点：大家在数背包的时候没有算上自己背着的背包，因为背包背在身后，看不到颜色，也很容易被忽略，所以就会出现这样的结果。

如果想要具体计算一下每种颜色的背包数量，我们不妨设黑背包有 x 只，白背包有 y 只，那么背着黑背包的人看到的黑背包数量其实是 $x-1$，而 $x-1=y$。至于背着白背包的人看到的白背包数量是 $y-1$，而 $y-1=x/2$，容易算出 $x=4$，$y=3$，所以黑背包有 4 只，白背包有 3 只。

147. 彩色正方体

【谜题】

刘女士给自己 1 岁的孩子制作了一个正方体玩具，为了让孩子更好地认识颜色，刘女士把不同颜色的彩纸贴在正方体的六个面上，这六种颜色包括红色、黄色、蓝色、绿色、橙色、紫色。

现在已知：

（1）红色的对面要贴上橙色彩纸；

（2）蓝色的一面与紫色的一面相邻；

（3）黄色的一面与蓝色的一面相邻。

根据上述条件，请你从以下选项中选出错误的一项：

A. 红色的一面和蓝色的一面相邻

B. 蓝色的对面贴了绿色彩纸

C. 紫色的一面和黄色的一面相邻

D. 橙色的一面和绿色的一面相邻

【解析】

这道题考察了我们的空间想象能力和分析能力。根据题干，由于蓝色与紫色、黄色相邻，又因为红色要和橙色相对，所以会出现蓝色和绿色相对、紫色和黄色相对的情况，而 C 选项是说紫色和黄色相邻，显然是错误的，所以本题应当选 C 选项。

148. 多雨的城市

【谜题】

小钟因为工作需要，从北方城市搬到了一个南方城市。刚到这个城市的时候，小钟对变化无常的天气感到很不适应，他经常因为忘记带伞而被淋成“落汤鸡”，有时又因为没有及时增减衣服而患上了感冒。

无奈之下，小钟只好开始学着记录天气变化，试图找到规律。他观察了一段时间的天气，发现有7天上午都是晴天，有5天下午也是晴天。在这段日子里，一共下了6场雨，而且下午下雨的那天，上午是晴天。

小钟从这些信息中实在找不出什么规律，所以他放弃了观察。那么，你知道他一共观察了几天的天气吗？

【解析】

题面虽然有些让人迷惑，但抽丝剥茧我们就会发现小钟实际上是上午观察一次，下午观察一次，又因为有7天上午晴，5天下午晴，还下了6次雨，所以一共观察了7+5+6=18（次），除以每天的2次就能得到天数是9天。

小提示：这道题也可以用计算法解决，但是稍微有些复杂。方法是将观测天数记为x，上午下雨的次数记为A，下午下雨的次数记为B，这样就可以列出方程：

$A+B=6$，$x-A=7$，$x-B=5$

解方程，就能得到$x=9$，和上面用分析法得到的结果是一致的。

149. 智能机器人的口令

【谜题】

科学家何先生发明了一台智能机器人，它有很多有趣的功能，可以帮助何先生做不少事情。不过何先生不想让其他人使用机器人，就为机器人编写了一个程序：每次机器人在启动时都会说出一个口令，何先生只有给出相应的回答，机器人才会顺利启动，并帮助他做事。要是口令错误，机器人就会发出警报声，并拒绝做任何事情。

何先生的助手小马对这个机器人十分感兴趣，可是又不知道该怎么回答口令。于是他趁何先生启动机器人的时候，躲在一旁偷看起来。

只听机器人说“twelve”，何先生马上回答“six”。机器人应声启动，小马心想，口令应该是机器人说的数字除以二。不过他有点不放心，就又偷偷观察了一次，这次听见机器人说“six”，何先生回答“three”，小马就更加确定了。

这天，趁着何先生不在，小马启动了机器人，机器人对他说“four”，小马不假思索地回答“two”。没想到机器人立刻发出了刺耳的警报声，把小马吓得脸色发白。没过一会儿，何先生赶了回来，他生气地责备了小马，还把小马从实验室开除了。

那么，你知道该怎么正确回答机器人的口令吗？

【解析】

从表面上看，机器人的口令似乎如小马所想，就是简单的数字除法，可是小马已经出错了，所以这种想法是行不通的，我们只能从其他角度进行分析。事实上，仔细观察这几个英文单词，我们就会发现“twelve”有六个字母，所以何先生的回答是“six”；而“six”有三个字母，所以何先生的回答是“three”。由此可见，机器人的口令不是做除法，而是要数清楚单词中包含几个字母。因此，当口令是“four”的时候，我们只要回答“four”，就能通过考验了。

150. 天气与聚会

【谜题】

有三位关系很好的大学同学甲、乙、丙，在毕业后留在了同一个城市工作，他们相约每两个星期聚会一次。可是现在有一个棘手的问题困扰着他们，那就是天气问题。

这个城市的天气十分多变，有时下雨，有时阴天，有时天晴，毫无规律可言。甲最近患上了一种皮肤病，在阳光炽热的时候不能留在户外，否则病情就会加重；乙的腿脚不太方便，雨天路滑的时候也不能外出；丙的脾气有些古怪，天气阴沉的时候他就会觉得待在家里更加舒服。

在这样的情况下，你认为甲、乙、丙三人的聚会有可能实现吗？

【解析】

这也是一道需要我们跳出常规思维的分析型逻辑题。从表面上看，无论天阴、天晴、下雨，都有一人不愿意外出，看样子三人是无法聚在一起了。但实际上聚会的形式是没有规定的，有户外的聚会，也有室内的聚会，他们完全可以根据聚会当天的天气，到不愿意出门的人的家里聚会。

比如，在天晴的时候，乙、丙二人去甲家里聚会；下雨的时候，甲、丙二人到乙家里聚会；天阴的时候，甲、乙二人到丙家里聚会，问题就解决了。

151. 抽签值班

【谜题】

某公司有两名保安甲和乙负责夜间巡逻。有天晚上正好有一场重要的足球赛事，两名保安都想回家看电视，就希望对方能够独自值一夜班。可是他们谁都说服不了对方，只好用抽签的方式来解决问题。

甲对乙说："我现在在两张纸条上，分别写上'值班''不值班'，你来抽，要是抽中'不值班'，你就可以提前走了。"乙同意了甲的建议，不过他很快就注意到甲在作弊：甲在两张纸条上都写了"值班"，然后把纸条握在手心里，让乙来抽。

在这种情况下，似乎乙抽中任何一张纸条，都只能接受值班的安排。但是聪明的乙想到了一个好办法，让甲不得不主动认输。你知道乙是怎么做到这一点的吗？

【解析】

解决这道题的关键在于“不展示自己的抽签结果”。比如，乙从甲手中抽取了一张纸条后，可以立刻将纸条撕个粉碎，然后要求甲出示另一张纸条，而另一张纸条上写着“值班”，则表示乙抽中的是“不值班”。甲不可能主动揭穿自己作弊，所以只能接受这样的抽签结果。

小提示：这道题目还有另外一种思路，即乙拒绝先抽签，而是坚持让甲先抽，这样甲也会陷入一种两难境地。不过要是甲选择了同样的办法——撕碎纸条，那么乙就会陷入被动局面，所以还是应当由乙先抽签，得到的结果会更加稳妥。

152. 数手指

【谜题】

小郑是一个逻辑爱好者，一天他想到了一个非常有趣的题目：从一只手的大拇指开始数数，大拇指为1，食指为2，中指为3，无名指为4，小拇指为5，接着往回数，无名指为6，中指为7……依此类推，如果数到2018，会是哪一根手指呢？小郑的这个问题难住了很多人，你知道答案是什么吗？

【解析】

这道题看似复杂，但实际上我们抓住关键点“8个数字为一轮”就能够轻轻松松地解答问题了。事实上，每次数完8个数后，我们都会回到大拇指，重新开始计数。又因为2018除以8的余数为2，所以从大拇指开始计数，大拇指为1，食指为2，正确答案就是食指。

153. 家庭成员数量

【谜题】

郭蓉蓉的母亲过六十岁生日，一家人到饭店聚餐。这家人中包括一名外祖父、一名外祖母、两位母亲、两位父亲、一位岳父、一位岳母、一位女婿、四个孩子、三个外孙、一个兄弟、两个姐妹、一个儿子和三个女儿，请问他们最少是多少人？

【解析】

为了让人数达到最少，就需要让同一个人承担多种身份。最终得到的结果是至少要有七个人，分别包括郭蓉蓉父亲、郭蓉蓉母亲、郭蓉蓉，郭蓉蓉丈夫、郭蓉蓉儿子，郭蓉蓉大女儿和郭蓉蓉小女儿。

具体分析过程如下：

郭蓉蓉的父亲既是三个外孙的外祖父，又是一位父亲，加上郭蓉蓉的丈夫，就有了两位父亲，同时他也是一名岳父。

郭蓉蓉的母亲既是三个外孙的外祖母，又是一位母亲，加上郭蓉蓉本人，就有了两位母亲，同时她也是一位岳母。

郭蓉蓉是父母的孩子，自己又拥有三个孩子，所以这一家就拥有了四个孩子。郭蓉蓉的丈夫则满足了“一位女婿”的条件。

三个外孙中有一个是男孩，满足“一个兄弟”“一个儿子”的条件；两个是女孩，满足了“两个姐妹”的条件，同时她们也是两个女儿，再加上郭蓉蓉本人也是父母的女儿，就能够满足“三个女儿”的条件。

154. 投票选举问题

【谜题】

某公司准备通过投票选举产生一位人事部主管，部门全体员工都参加了这次投票。在投票时，每张选票上列出了所有候选人的名字，员工只需要在名字后面的方框中打钩即可。

投票结束后，负责计票的员工发现一位刚入职的新员工阿杰没有给任何人投票。另外凡是给员工阿明投票的人，阿娟都投了他们一票；没有得全票的人阿丽都投票了。

根据这些条件，你认为以下哪个说法是正确的？

A. 阿娟和阿丽没有互相投票

B. 阿娟和阿丽各投了对方一票

C. 阿娟给阿丽投票了，但阿丽没有给阿娟投票

D. 阿娟没给阿丽投票，但阿丽投了阿娟一票

【解析】

这是一道稍有难度的分析型逻辑题，我们在解答时首先要抓住一个关键点“新员工阿杰没有给任何人投票”，由此可见，所有人都没有得全票。

再由“没有得全票的人阿丽都投票了”可知，阿丽给所有人都投票了，也就是说，阿丽给阿明和阿娟都打了钩；由“凡是给员工阿明投票的人，阿娟都投了他们一票”可知，阿娟也给阿丽投了票，所以正确选项就是 B 选项。

155. 音乐导师的评价

【谜题】

某电视台举办了一个大型音乐类选秀节目，一时间报名者云集。经过了激烈的角逐后，某赛区有 21 名选手获得了复赛资格。在复赛开始前，有记者采访了担任该赛区评委的三位音乐导师，想知道他们对于这些选手的水平有什么评价。

汪姓导师为人十分挑剔，他说：“这批选手普遍水平一般，没有人能够晋级全国比赛。”

冯姓导师马上提出了异议：“我倒不这么认为，这些选手受过专业训练，我觉得他们有希望晋级。”

张姓导师说：“我认为选手美西或者选手佳颖能够晋级。”

复赛结束后，观众们发现只有一位导师说对了。那么，以下哪个选项是最有可能出现的呢？

A. 这些选手都没有成功晋级

B. 在这些选手中，有一些成功晋级了

C. 只有选手美西成功晋级了

D. 选手佳颖没有晋级

【解析】

本题用分析法解答是效率最高的，我们在解题时应当注意，在三位导师的判断中，汪姓导师和冯姓导师的说法是相反的，所以他们肯定一个为真，一个为假。又因为三位导师只有一人说对，那么张姓导师的说法肯定是错误的，所以选手美西或选手佳颖都没有能够晋级，因此本题应当选择 D 选项。

156. 落入坑中的蜗牛

【谜题】

有一只小蜗牛，一不小心被大风吹进了树林中的一个深坑。为了逃出深坑，小蜗牛用尽力气开始向上爬。已知这个坑的深度是 8 米，小蜗牛每天白天能爬 2 米，可是到了晚上又会掉下去 1 米，那么，它要用几天才能爬出这个坑呢？

【解析】

有些粗心的人在解答这道题时会用这样的算法：蜗牛每天向上爬 2 米，向下滑 1 米，所以每天只能上升 1 米，坑深 8 米，所以 8 天后蜗牛才能爬到坑口。但是他们忽略了一点，那就是蜗牛在最后一天爬出坑后就不会再下滑了，所以我们要用分析法的思路来解决这道题目：在蜗牛爬行的前 6 天，它每天确实只能上升 1 米，所以 6 天时间上升了 6 米。在第 7 天的白天，蜗牛向上爬了 2 米，刚好到达了坑口，不会再出现晚上的下滑问题，所以本题的正确答案是 7 天。

157. 烧香巧计时

【谜题】

常欢想要应聘某公司的销售员职位，在参加笔试的时候，他遇到了这样一道难题：现在有两根香（粗细不一样），每根香烧完的时间都是 1 小时，请问怎么用两根香和一块手表来确定 15 分钟的时间？

常欢思考了很久，也没能找到答案，最终笔试成绩很不理想。你能从逻辑思维的角度出发，帮助常欢解决这道难题吗？

【解析】

从表面上看，这道题可以采用的工具非常有限，只有两根香和一块表，让人有无从着手之感。不过我们应当考虑到一点：一根香如果从两头点燃，烧尽的时间就会缩短一半，变成半个小时，由此出发来解决这道题就会变得比较容易了。

比如，我们可以把第一根香的两头同时点燃，与此同时点燃第二根香的一头，注意看手表，将这个时间点记录下来，为A。

当第一根香完全烧尽时，时间过去了半个小时，这时点燃第二根香的另一端，把时间点记录下来，为B。

在B点第二根香的长度为原来长度的二分之一，烧尽的时间是半小时。将两头点燃后，烧尽的时间缩短一半，变成15分钟。记录此时的时间点为C，B点到C点的时长就是15分钟。

158. 三兄弟分马

【谜题】

古时候，有兄弟三人因为感情不和决定分家，他们很快就瓜分了家里的银两、土地、房产，可是不知道该如何分配家中养的17匹马。因为按照之前的协议，大哥分得的其他财产较少，所以可以分得马匹的1/2，而二哥将分得马匹的1/3，小弟分得的其他财产较多，所以马匹只分1/9。

不过按照约定的比例，三兄弟不知道该怎么分配这些马匹。正在着急的时候，族中有位知识渊博的老人给他们出了一个主意，让他们轻轻松松就完成了分马的任务。

你知道老人出的是什么主意吗？

【解析】

这道题的难点在于马匹的总数 17 无法被 2、3、9 整除，所以造成了分配的困难。想要解决这个问题也要从改变总数 17 出发来想办法，比如，三兄弟可以向邻居借一匹马，这样马匹总数就变成了能被 2、3、9 整除的 18，于是大哥分到 9 匹马，二哥分到 6 匹马，小弟分到 2 匹马，再把剩下的一匹马还给邻居，问题就能够圆满解决了。

159. 还有两元钱去哪儿了

【谜题】

盛莹莹、季樱桃、刘洁三个好朋友外出就餐，她们来到一家饭店，吃了一顿可口的饭菜。结账时盛莹莹提议 AA 制，其他两人也同意了，于是一人出了 30 元付了饭费。正要离开饭店的时候，服务员却叫住了她们，说收银员忘记了今天有优惠活动，还拿出了 6 元钱退给她们。盛莹莹三人一人分到了 2 元钱，高高兴兴地离开了。不过她们不知道饭店一共优惠了 10 元钱，还有 4 元被服务员私藏了。

这样一来，盛莹莹、季樱桃、刘洁每人出的饭费就是 28 元，$28 \times 3=84$（元），再加上服务员私藏的 4 元是 88 元，可是饭费总额是 $30 \times 3=90$（元），那么还有两元钱去哪儿了呢？

【解析】

用分析法来解答这道题，我们会发现每个人所花费的 28 元已经包括了服务员私藏的4元，即优惠后的饭费80元加上服务员私藏的4元等于84元，平均到每人身上恰好是28元。同样，在计算原来的饭费组成的时候不应该算上私藏的4元钱，而是应当算上退还给每人的2元钱，也就是28×3+2×3=90（元），因此并不存在两元钱不见了的情况，原题干的算法是错误的。

160. 到底亏了多少钱

【谜题】

李茂在一家超市租了一个摊位经营服装，一条裙子进价60元，售价100元。由于生意不太好，李茂打出了“八折优惠”的招牌。这天，来了一个顾客，挑选了一条裙子，给了李茂一张100元的钞票。

李茂没有零钱找给顾客，只好找隔壁摊位的鞋店老板换了100元零钱。没想到顾客走了没多久，鞋店老板就气愤地嚷嚷起来，说李茂刚才给他的100元是假钞。无奈之下，李茂只得取出一张100元的真钞还给了鞋店老板。

李茂知道这笔生意自己亏了不少钱，可是他一时算不清楚自己到底亏了多少钱，你能帮李茂算算这笔账吗？

【解析】

这道题不是一道普通的计算型逻辑题，而是分析型逻辑题，我们需要先理顺关系，才不会想得过于复杂，甚至误入陷阱。在这道题中，李茂和鞋店老板之间的盈亏其实是不用考虑的，因为李茂给了鞋店老板一张假钞，拿回了 100 元零钱，之后又还给老板 100 真钞，所以正好互抵。

因此想要计算李茂亏了多少钱，其实就是看顾客拿走了多少钱以及裙子本身的成本是多少钱。在这笔交易中，顾客赚走了一条裙子和找零的 20 元钱（裙子打八折后售价 80 元），裙子的成本是 60 元，所以李茂一共亏损 60+20=80（元）。

小提示：这道题也可以用更简单的思路来解答，即收了多少假钞，就有多少收入损失，因此收入损失是 100 元。但是裙子本身成本是 60 元，现在 80 元出售，交易本身还能赚到 20 元，所以最终亏损就是 100−20=80（元）。

161. 卖葱亏钱

【谜题】

在热闹的集市上，有一个农民摆出了自己刚刚从地里收割的二十斤葱，开始吆喝起来。不一会儿，一个买菜的人路过，问农民葱多少钱一斤。农民回答："一元钱一斤，这里有二十斤，你要是全要，就给 18 元钱。"

买菜的人想了想说："我就想分开买，行不？葱白 7 角钱，葱绿 3 角钱，加起来还是一元钱。"

农民从来没有这样卖过葱，但是算了算感觉自己也没有吃亏，于是农民把葱白算十斤，葱绿算十斤，卖给了这个人，准备收他 $10\times0.7+10\times0.3=10$（元）。

这个人还不满意，说：“你不是说，全买给便宜2元钱吗？”农民愣了一下，随即点点头说：“对对对，那再便宜你2元，你给我8元钱就行了。”于是这个人放下8元钱，带着所有的葱走了。

等这人走了以后，农民越想越不对劲：“不对啊，我的葱本来能卖18元的，怎么现在就卖了8元钱啊，一下子亏了10元钱，这到底是为什么呢？”

你能帮农民想明白卖葱亏本的原因吗？

【解析】

想要解开农民的困惑，只要抓住买菜人的一句话“葱白7角钱，葱绿3角钱，加起来还是一块钱”，这句话其实是一个思维陷阱，因为他省略了重量，即葱白“一斤”7角钱，葱绿“一斤”3角钱，这样将葱白和葱绿加起来后其实是两斤的重量，价格也应该为一元钱的两倍，可是这人却误导农民，说“加起来还是一元钱”。农民也没有注意到重量问题，才会将二十斤葱当成了十斤（葱白+葱绿）出售了，所以亏损了 $10\times1=10$（元）的钱。

第六章

比较解谜：定位事物之间的同与异

在生活、工作和学习中，我们会经常采用比较法来解决一些逻辑谜题。在具体思考的时候，我们需要对事物进行观察，然后找出它们在数量、质量、速度、形式、结构、功能、特性等方面的相同点和不同点，这样就能够更好地厘清思路，找到问题的正确答案。

162. 三人比年龄

【谜题】

郝磊、孙晨、李乐乐是一个部门的同事。一天，经理问他们三个人的年龄大小。郝磊说："我比孙晨大一些，李乐乐比我小一些。"

根据郝磊的话，你认为以下哪个选项一定正确？

A. 李乐乐比孙晨小

B. 李乐乐和孙晨一样大

C. 李乐乐比孙晨大

D. 无法判断李乐乐与孙晨到底谁大

【解析】

根据郝磊的话，我们仅能够比较出以下的结果：郝磊比孙晨大，郝磊比李乐乐大。但是孙晨和李乐乐到底谁更大却无法比较，所以本题的正确答案是 D 选项。

163. 谁跑得最快

【谜题】

冷杰、韩春、孙伟强三个好朋友一起参加了市里举办的马拉松比赛。赛后，有位朋友给韩春打电话，问他成绩如何。韩春说："我们三人中，我跑得不是最快的，不过我比孙伟强快。"那么，你知道他们三人中谁跑得最快吗？

【解析】

这是一道十分简单的比较型逻辑题，我们可以从韩春的话中找到比较的依据，因为韩春说在三人中他比孙伟强快，但他又不是最快的，说明还有人比韩春快，这个人就只能是冷杰了。所以他们中跑得最快的是冷杰，跑得最慢的是孙伟强。

164. 谁的成绩最好

【谜题】

汪蕊、唐丽、周明明、方大维、刘铭一起参加了一次有奖知识竞赛，在竞赛结束后，他们互相比较了一下成绩，发现如下事实：

（1）汪蕊的成绩没有唐丽好；

（2）周明明的成绩没有刘铭好；

（3）方大维的成绩比刘铭好；

（4）唐丽的成绩不如周明明好。

根据这些条件，你知道他们几人中谁的成绩最好吗？

【解析】

根据题干，我们可以列出如下关系：汪蕊＜唐丽，周明明＜刘铭，方大维＞刘铭，唐丽＜周明明，那么五人成绩的关系是汪蕊＜唐丽＜周明明＜刘铭＜方大维，所以五人中方大维的成绩是最好的。

165. 投票选举问题

【谜题】

某公司准备从五个候选人齐东、赵静、沈佳音、庞志红、哈贵中选举一名担任董事会主席。如果齐东获得的选票比赵静多，或者沈佳音获得的选票比庞志红多，那么哈贵就能当选。但是最终的当选者却不是哈贵，那么以下选项中哪一项一定成立呢？

A. 齐东获得的选票不比赵静多

B. 赵静获得的选票不比齐东多

C. 沈佳音获得的选票比庞志红多

D. 沈佳音获得的选票不比庞志红少

【解析】

根据题干中指出的哈贵当选的条件是“齐东比赵静多，或沈佳音比庞志红多”，但是现在哈贵没有当选，所以上述关系不成立，即“齐东不比赵静多”，或“沈佳音不比庞志红多”，那么选项中一定成立的就是 A 项。

166. 哪位理发师手艺好

【谜题】

旅游达人小康有一次来到一个风景秀美的小镇。在饱览风光之后，小康忽然想找个理发店修剪一下自己在旅途中长长的头发和胡须。可是在逛遍了整个小镇后，小康只找到两家理发店，而且每家店里也只有一名理发师。

第一家店规模极小，装修简陋，水泥地上到处落满了发茬儿，理发师的形象也很不讲究，头发参差不齐，小康看得直皱眉头。

第二家店的情况正好相反，装修得非常漂亮，地面也打扫得一尘不染，理发师的发型整洁、时尚，令人赏心悦目。小康走进了这家店，正准备坐下，脑海中突然产生了一个念头，于是他匆匆起身离开，去第一家小店理发了。

你知道小康为什么会选择第一家小店理发吗？

【解析】

这是一道非常简单的比较题，因为小镇只有两名理发师，而理发师是无法给自己理发的，所以他们只能互相理发。小康看到的就是他们互相理发的结果：第一家店的理发师手艺高超，给第二家的理发师理了一个整洁、时尚的发型；第二家店的理发师手艺奇差无比，给第一家店的理发师理了一个参差不齐的发型。

不仅如此，小康还可以比较两家理发店的环境。第一家理发店满地都是发茬儿，恰恰说明顾客数量可观；而第二家理发店的地面一尘不染，则说明这家店无人上门，所以小康在用比较法思考之后，才毫不犹豫地选择第一家店。

167. 谁到得最晚

【谜题】

某公司新出了一条规定：每天早上最晚到的员工负责在下班后打扫办公室卫生。一开始员工都能自觉执行，可是有一天下午下班后，老板朱先生发现办公室没有被打扫过，这让他非常生气。恰好这几天打卡机也坏了，没有办法查出是谁到得最晚。于是第二天一早，朱先生叫秘书直接去问几个经常迟到的员工，看看到底是谁最晚到。

员工小陈对秘书说："我到的时候，小蒋已经在座位上了。"

员工小郑对秘书说："我到的时候，小马刚刚打开电脑。"

员工小蒋对秘书说："我到的时候，小郑都开始写报告了。"

员工小马对秘书说："我不知道谁是最晚到的，反正我到的时候，办公室里只有小陆一个人在。"

如果这几名员工说的都是事实，那么他们中最晚到的是谁呢？

【解析】

我们可以根据员工的话进行比较，就可以知道小陈比小蒋到得晚，小郑比小马到得晚，小蒋比小郑到得晚，小马只比一个叫小陆的员工晚。由此可见，这几人按照由晚到早的顺序排列应当是小陈、小蒋、小郑、小马、小陆，所以到得最晚的应当是小陈。

168. 钱为什么会变少

【谜题】

刘女士因为公司有急事需要临时外出一天，上初中的儿子一个人在家。刘女士担心儿子会挨饿，就叮嘱他到超市买点食物。刘女士还说自己在抽屉里准备了一个信封，里面装了些零钱，供儿子取用。

儿子打开抽屉，看到信封上写着数字“89”，心想这里面一定装了 89 元钱。于是儿子就拿着信封到超市购买了总价值 80 元的零食，可是在付钱的时候，儿子才发现信封里的钱根本就不够 80 元，钱为什么会变少呢？你知道这是怎么回事吗？

【解析】

事实上信封上的数字并没有写错，我们只要仔细观察就会发现这个数字倒过来看就是 68 元，所以儿子是看反了数字，才会出现钱不够的情况。这也提醒我们在观察事物时一定不能粗心大意，同样，为了避免引起他人的误解，在书写这种数字的时候我们可以在后面加上“元”，如 89 元、68 元，这样就不容易看错了。

169. 比姐姐大的妹妹

【谜题】

林女士和丈夫乘坐游轮去国外旅游。在游轮航行途中，林女士分娩产下一对双胞胎女儿，姐姐只比妹妹早出生 1 小时，可是妹妹却比姐姐大了一天，你知道这是怎么回事吗？

【解析】

想要正确比较姐妹俩的年纪，就需要先抓住一个地理知识点——“国际日期变更线”。这条线就是太平洋中的 180° 经线，在人们穿越这条线时，日期就会发生变化，从东向西越过这条界线时，日期加一天，反之则减一天。而双胞胎中的姐姐诞生后不到一小时，游轮自西向东越过了国际日期变更线，之后妹妹才诞生，这时出生日期需要减一天。也就是说，假设姐姐在 5 日出生的话，妹妹就在 4 日出生了，所以就会出现妹妹比姐姐大一天的情况。

170. 哪个房间温度高

【谜题】

假设有 A 和 B 两个房间，里面各放着一只火炉和一只正在烧开水的水壶。不久，两壶水都烧开了。A 房间里，水壶的壶嘴冒出了很多“白气”，B 房间里，“白气”没有 A 房间那么多。

根据这段描述，你能够判断出 A、B 两个房间哪个温度比较高吗？

【解析】

想要比较两个房间的温度，我们首先得了解一个物理知识：烧开水时，从壶嘴中冒出的“白气”并不是水蒸气，而是水蒸气遇到冷空气后液化而成的小水珠。“白气”越多，说明温度越低，水蒸气液化得越严重。因此 A 房间比 B 房间冷，所以温度较高的是 B 房间。

171. 珍贵的邮票

【谜题】

李先生非常喜欢收藏邮票，他通过自己的努力，收藏了几张珍贵的邮票 A、B、C、D、E。

现在已知：

（1）邮票 A 的价值是邮票 B 的两倍；

（2）邮票 B 的价值是邮票 C 的四倍；

（3）邮票 C 的价值是邮票 D 的一半；

（4）邮票 D 的价值是邮票 E 的一半。

根据上述条件，你能够将所有的邮票按照价值高低顺序进行排列吗？

【解析】

这道题没有直接给出邮票的价格，但介绍了邮票与邮票的价值关系，我们可以用比较的方法对它们进行排序。比如，设邮票 A 的价值为 x，邮票 B 的价值就是 $x/2$，邮票 C 的价值就是 $x/8$，邮票 D 的价值 $x/4$，邮票 E 的价值是 $x/2$，所以价值最高的邮票是 A，之后是B和E，它们的价值相等，再往后是D，最后是C。

172. 耗电量高低

【谜题】

质检部门对市场上销量最高的几款空调产品甲、乙、丙、丁、戊进行了检测，结果发现以下几种情况：

（1）甲的耗电量比乙低；

（2）乙的耗电量不比丙高；

（3）丁的耗电量比戊高；

（4）戊的耗电量比乙高。

现在假设有两种空调产品的耗电量相同，你能对几种空调产品的耗电量按照由高到低的顺序排列吗？

【解析】

这道题目的难度不大，但是我们在进行耗电量的比较时，一定要注意仔细读题，切勿把“不比……高”和“比……高”这样的说法弄混淆。

根据题设，空调耗电量排序为乙＞甲，丙≥乙，丁＞戊，戊＞乙。又因为题设规定有两种空调耗电量相同，那么这两种空调就应该是丙和乙，所以耗电量由高到低可以排序为丁＞戊＞乙＝丙＞甲。

173. 含铁量比较

【谜题】

营养学家通过大量研究已经证实，黑木耳的含铁量高于桂圆，油菜的含铁量高于菠菜。那么，以下各项中不能使黑木耳的含铁量高于菠菜的是：

A. 黑木耳含铁量与油菜相同

B. 桂圆含铁量与菠菜相同

C. 桂圆含铁量高于油菜

D. 油菜含铁量高于桂圆

【解析】

根据题干我们可以分别比较几种蔬菜的含铁量并得出排序：黑木耳＞桂圆，油菜＞菠菜。而在A选项中，黑木耳＝油菜＞菠菜，可以推出黑木耳＞菠菜；B选项中，黑木耳＞桂圆＝菠菜，也可以推出黑木耳＞菠菜；C选项中，桂圆＞油菜＞菠菜，也可以推出黑木耳＞菠菜。只有D选项是无法推出结论的，所以本题应当选D选项。

174. 房屋中的开关

【谜题】

唐明有一个喜欢做逻辑题的朋友威子，威子不但自己爱动脑，还经常给朋友出题。有一天，威子给唐明出了这样一道题：现在我们站在一座房子的外面，这座房子很奇怪，只有一扇门，没有任何窗，所以从外面看不到房内的情况。房子外面有三个开关，分别控制着房内的三盏电灯，但不知道哪一个开关对应哪一盏灯。如果只允许进门一次，怎么将开关与相应的电灯联系起来呢？

唐明也是一个脑筋灵活的人，他只思考了两分钟就想到了答案，你知道他是怎么解决这道谜题的吗？

【解析】

本题的关键点在于“点亮的电灯泡会发热”，所以比较灯泡的温度，就可以确定三盏灯和各自相应的开关。

比如，唐明可以先打开第一个开关，这时虽然看不见屋内的情况，但屋内肯定有一盏电灯亮起，然后唐明可以等待一会儿，给灯泡发热的时间；然后关闭第一个开关，按下第二个开关，这时屋内另一盏灯亮起，唐明就可以进屋去查看，此时亮着的电灯是第二个开关控制的。之后唐明可以用手摸一摸其他两个电灯泡，比较热的电灯泡就是第一个开关控制的，另一个电灯泡是第三个开关控制的，问题就可以圆满解决了。

175. 四人买书

【谜题】

赵、钱、孙、李四个好朋友都很喜欢读书。有一天，他们一起到书店去买书，四人一共购买了 10 本书。

现在已知：

（1）赵买的书比李多；

（2）钱、孙两人买书的和与赵、李两人买书的和相等；

（3）赵、钱两人买书的和比孙、李两人买书的和少。

根据以上条件，你能够比较一下谁买的书最多，谁买的书最少吗？

【解析】

本题需要结合假设法、比较法解题。根据条件（2），钱、孙两人买书的和，赵、李两人买书的和都是 10 ÷ 2=5（本）。这样会出现两种符合条件的组合（1，4）和（2，3）。

假设赵、李两人买书的数量是（1，4）组合，又因为条件（1）规定赵买的书比李多，所以赵买了 4 本书，李买了 1 本书。然而条件（3）中赵、钱买书的和要小于孙、李买书的和，可是钱买书的数量无论是 3 本还是 2 本，都无法使这个比较关系成立，因此赵、李的组合不可能是（1，4）而只能是（2，3），而且赵买书的数量是 3 本，李买书的数量是 2 本。

这样的话，想要让赵、钱买书之和小于孙、李买书之和，就需要钱买书的数量是 1 本，孙买书的数量是 4 本。因此四个人中买书最多的是孙，买了 4 本；买书最少的是钱，买了 1 本。

176. 点错的小数点

【谜题】

某工厂在月底查账的时候，发现账面上多了 345.6 元钱，经过会计的仔细核对，发现是记录一笔收入金额时不小心点错了一个小数点，那么原来的款项应当是多少呢？

【解析】

在计算这道题之前，我们先要对点错小数点前后的金额进行比较。因为账面金额 = 收入金额 - 支出金额，如果账面上多了钱，而且是点错了收入金额的小数点，就说明小数点是向右移动，才会让数额比之前变大了。假设这笔款项是 x 元，那么点错小数点后相当于扩大了 10 倍，变成了 $10x$，$10x$ 与 x 的差为 345.6，所以 x 为 38.4 元。

小提示： 如果是点错了支出金额的小数点，账面上还多了钱，则说明支出变少了，小数点就要向左移动，相当于点错小数点后的数字比原来缩小了 1/10，为 $0.1x$，计算结果也会出现变化。

177. 谁最聪明

【谜题】

甲、乙、丙、丁四个人都是逻辑爱好者，而且他们都很谦虚。有一天他们在一起聊天。

甲说："我们四个人中，乙是最聪明的。"

乙说："哪里哪里，我们四个人中，丙才是最聪明的。"

丙说："你过奖了，其实我不是最聪明的。"

丁笑着说："都别谦虚了，我认为甲比我聪明，丙比甲还聪明。"

如果他们中有一个人因为过分谦虚，说了一句假话，你能找出是谁说了假话吗？另外，你能比一比他们四个人谁最聪明吗？

【解析】

根据题干，我们可以发现甲和乙的答案是不同的，所以他们两人中肯定有一个人说了假话。那么丙和丁说的就应该都是真话。所以丙不是最聪明的，由此可见乙说的是假话，其他人说的都是真话。

经过比较之后，我们就会发现最聪明的是乙，然后依次是丙、甲、丁。

178. 他们各是哪里人

【谜题】

冯文、陈思萌、葛云、侯强来自不同的地方，包括A省、B省、C省和D省。

现在已知：

（1）陈思萌的身高比冯文高；

（2）葛云是四人中身高最矮的；

（3）家乡在A省的人比家乡在B省的人高；

（4）家乡在C省的人身高最高；

（5）家乡在D省的人比侯强高。

根据上述条件，你能够推出这四人的家乡各是哪个省吗？

【解析】

我们需要对四人的身高进行比较，然后再对比题干找到问题的答案。根据条件（2），葛云最矮，而条件（3）中A省人比较高，条件（4）中C省人最高，条件（5）中D省人比较高，所以葛云只能是B省人。

又因为C省人是四人中最高的，条件（1）中冯文比较矮，条件（5）中侯强比较矮，葛云又是四人中最矮的，所以C省人只能是陈思萌。

现在只剩A省人和D省人空缺，根据条件（5），侯强肯定不是D省人，那么侯强就是A省人，冯文就是D省人。

所以侯强是A省人，葛云是B省人，陈思萌是C省人，冯文是D省人。

179. 谁的年龄最小

【谜题】

假设有甲、乙、丙、丁四个人，他们的年龄各不相同。

现在已知：

（1）甲、乙年龄之和大于丙、丁年龄之和；

（2）甲、丁年龄之和大于乙、丙年龄之和；

（3）乙、丁年龄之和大于甲、丙年龄之和。

根据上述条件，你能够推出谁的年龄最小吗？

【解析】

题目的条件有限，无法直接比较甲、乙、丙、丁的年龄大小，在解答时可以尝试将不等式两边相加，然后进行间接的比较：

根据条件（1），甲＋乙＞丙＋丁，以及条件（2），甲＋丁＞乙＋丙，那么（1）＋（2）就是2×甲＋乙＋丁＞2×丙＋乙＋丁，所以甲＞丙。

再根据条件（3），乙＋丁＞甲＋丙，那么（1）＋（3）就是2×乙＋甲＋丁＞2×丙＋甲＋丁，所以乙＞丙。

另外，（2）＋（3）就是2×丁＋甲＋乙＞2×丙＋甲＋乙，所以丁＞丙，由此可见，丙的年龄小于其他三人的年龄，所以本题正确答案就是丙。

180. 老同学比较体型

【谜题】

刘涛接到了老同学的邀请，到一家酒店参加同学聚会。阔别二十年后，几位老同学终于相见，大家都非常激动。不过他们发现彼此的变化很大，特别是体型方面，人到中年，难免都有些发福。于是几个人互相比较起了身高、体重来，经过一番比较后，得到了下面的结果：

张文比徐磊重，丁明比刘涛轻，刘涛比沈军高，贾楠比徐磊高。

请根据这些结果回答以下两个问题：

问题 1：如果刘涛和徐磊一样重，下面哪一组判断是正确的呢？

A. 张文 160 斤，徐磊 150 斤

B. 丁明 155 斤，徐磊 140 斤

C. 丁明 160 斤，张文 145 斤

D. 张文 150 斤，丁明 150 斤

问题 2：如果沈军比贾楠高，下面哪一组判断是正确的呢？

A. 刘涛身高 175 厘米，徐磊身高 180 厘米

B. 刘涛身高 180 厘米，徐磊身高 170 厘米

C. 贾楠身高 175 厘米，刘涛身高 172 厘米

D. 徐磊身高 174 厘米，沈军身高 171 厘米

【解析】

在第一个问题中，根据“张文比徐磊重”“丁明比刘涛轻”以及“刘涛和徐磊一样重”这三个条件，我们可以知道几人的体重顺序：张文最重，之后是刘涛、徐磊，然后才是丁明。几个选项中，只有 A 选项是符合这个排序的，所以正确答案就是 A 选项。

在第二个问题中，根据“刘涛比沈军高”“贾楠比徐磊高”以及“沈军比贾楠高”这三个条件，我们可以知道几人的身高顺序：刘涛最高，之后是沈军、贾楠、徐磊。几个选项中，只有 B 选项是符合这个排序的，所以正确的答案就是 B 选项。

181. 李博士的实验

【谜题】

李博士正在研究两种新材料 A 和 B 的性能。在经过众多实验后，李博士进行了一番统计：实验中采用 A 材料的次数占总实验次数的 70%，采用 B 材料的次数占 30%；实验失败的平均概率是 A 材料 4%，B 材料 6%。现在，李博士又进行了一次最新实验，结果出现了失败，那么以下选项中正确的是（　　）

A. 与 A 材料相比，B 材料更容易引起实验失败

B. 与 B 材料相比，A 材料更容易引起实验失败

C. 两种材料引起实验失败的概率是一样的，均为 50%

D. 无法进行比较

【解析】

在进行比较时，我们不能仅看失败概率就得出结论，而是应当结合实验次数来进行比较。具体在这道题目中，由于 $70\% \times 4\%$ 是大于 $30\% \times 6\%$ 的，所以A材料更容易引起实验失败，答案应当选B。

182. 金戒指的重量

【谜题】

金店的侯师傅收到了委托他人打造的四枚金戒指。这几枚戒指A、B、C、D都是纯金材质，大小、样式都一样，本来应该是一样重的，可是经验丰富的侯师傅轻轻掂了掂，就觉得戒指有问题。

为了证明自己的猜想，侯师傅拿出了一架天平，做了如下几次称量：

（1）把金戒指A、B放到左边的托盘里，再把金戒指C、D放到右边的托盘里，这时天平基本是平衡的；

（2）把A、D放到左边的托盘里，再把B、C放到右边的托盘里，天平左边的托盘会明显下沉；

（3）把A、C放到左边的托盘里，右边的托盘里只放B，右边的托盘也会下沉。

根据这些条件，你能够比较出四枚金戒指哪个轻、哪个重吗？

【解析】

我们可以将侯师傅的几次称量结果记录如下：

第一次：A+B=C+D；

第二次：A+D > B+C；

第三次：A+C < B。

根据这些关系来进行比较，从前两个关系容易推出 D > B，A > C；根据第三个关系，容易推出 B > A，B > C，所以四枚金戒指按照由重到轻的排序应当是 D > B > A > C。

183. 考试成绩排名

【谜题】

某公司组织了一次业务考试，财务部的小刘、小林、小郑、小齐都参加了这次考试。考试结果公布后，几人发现了以下情况：

（1）小刘和小郑的成绩之和与小林和小齐的成绩之和相等；

（2）小刘和小齐的成绩之和大于小林和小郑的成绩之和；

（3）小郑一个人的成绩比小刘和小林的成绩之和还高。

请你根据这些条件比较一下四个人成绩的高低。

【解析】

根据题干我们可以列出如下的关系：

（1）小刘＋小郑＝小林＋小齐；

（2）小刘＋小齐>小林＋小郑；

（3）小郑>小刘＋小林。

根据前两个关系，容易推出小齐>小郑、小刘>小林；根据后一个关系，容易推出小郑＞小刘，小郑＞小林。因此四个人的成绩从高到低排序是小齐＞小郑＞小刘＞小林。

184. 找出不达标的零件

【谜题】

林东是某车辆零部件制造厂的质检员，一天，他收到工人送来的四箱零件。已知这四箱零件中有一箱零件是不达标的，但从外观很难检测，只能从重量才能检验——每个不达标的零件比达标的零件重 1 克。林东为了简化流程，只称量了一次零件的重量，就知道不达标的零件是哪一箱。你知道他是怎么做到的吗?

【解析】

由于题目规定只能称量一次，所以我们可以采取最简单的比较法：从第一箱中取出 1 个零件，从第二箱中取出 2 个零件，从第三箱中取出 3 个零件，从第四箱中取出 4 个零件，然后称量这 10 个零件的总重量，看看比标准的 10 个零件重了多少。

如果重 1 克，就说明只有 1 个零件不达标，其他零件都达标，那么这个不达标零件就是从第一箱中取出来的；如果重 2 克，就说明有 2 个零件不达标，剩余 8 个零件达标，那这 2 个零件只能是从第二箱中取出来的。依此类推，称量的结果比标准多几克，不达标零件就在第几箱中。

第七章

递推解谜：层层推理，步步深入

如果要解答的问题本身具有一种递推关系，我们就可以采用递推法来求解，也就是要通过已知条件，利用特定的关系得出中间的推论，然后一层层深入下去，直到获得最终的结果。递推法有顺推和倒推两种，不管是哪一种，都要保证推理的每一步结果准确无误，而且要考虑到所有的情况，不能有所遗漏。

185. 烤面包的时间

【谜题】

白领汪霞每天早上都会自己烤面包作为早餐。她一次要吃三片面包，但是烤面包机只能同时烤两片面包。而且烤第一面的时候用时是 3 分钟，翻面烤时间会短一点，大概是 1.5 分钟。

根据这段描述，你能算出汪霞烤 3 片面包所用的时间吗？

【解析】

我们可以分步骤用递推法的思路解答这道题目：

第一步：将第一片、第二片面包同时放入面包机，烤第一面，用时 3 分钟；

第二步：将第一片面包翻面烤，第二片面包取出面包机，放入第三片面包，到第一片面包烤熟时，用时 1.5 分钟。

第三步：放入第二片面包（翻面烤），烤 1.5 分钟，第二片面包烤好。同时第三片面包的第一面也烤好了。

第四步：将第三片面包翻面，烤 1.5 分钟，第三片面包也烤好了。

因此，烤三片面包需要花费的总时间是 3+1.5+1.5+1.5=7.5（分钟）。

186. 计算交易盈亏

【谜题】

韩宏远是一名服装批发商，2018 年 3 月，他将一批进货价为 4700 元的大码女春装出售给了服装店老板李莉，获利 10%。不过李莉将这些服装上架后，一直无人问津，眼看着又要换季，李莉与韩宏远协商之后，将服装全部退回了，李莉因此损失了 10% 的货款。

不久，韩宏远找到了一个批发市场，按照李莉退回自己的价格，再打了个九折，将这些服装全部处理掉了。那么，你能够计算出韩宏远在这几笔交易中的盈亏情况吗？

【解析】

这道题的计算过程如下：

第一笔交易中，韩宏远获利 10%，也就是韩宏远出售给李莉的服装价格为 4700×（1+10%）=5170（元），利润额为 5170−4700=470（元）。

第二笔交易中，李莉又亏损 10% 退给韩宏远，也就是亏损了 5170×10%=517（元）。韩宏远花费的金额为 5170−517=4653（元）。

第三笔交易中，韩宏远又以 4653 元的 90% 出售了这批服装，即售价为 4653×90%=4187.7（元），亏损金额为 4653−4187.7=465.3（元）。

因此，韩宏远通过这几笔交易最终的盈亏情况为 470−465.3=4.7

（元），即获得盈利 4.7 元。

187. 折纸上的洞

【谜题】

金女士正在制作剪纸，她拿起了一张彩纸，将它对折了一下，然后用剪刀在折痕的中间剪洞。展开这张彩纸后，就会看见它的中心有个洞。之后金女士又将展开的彩纸进行了两次对折，即先对折一下，再沿直角对折一下，然后在最后的折痕中间剪了个洞。这次把彩纸展开后，彩纸上又多了两个洞。

依此类推，金女士将彩纸进行了六次对折，然后在最后的那条折痕中间剪洞。那么，当彩纸展开后，上面一共有多少个洞呢？

【解析】

按照递推法的思路进行思考：

第一次对折，得到 1 个洞；

第二次对折，得到 2 个洞（不算原来的洞）；

第三次对折，得到 4 个洞（不算原来的洞）；

第四次对折，得到 8 个洞（不算原来的洞）；

……依此类推，第 N 次对折，得到 2^{N-1} 个洞，所以第六次对折后，金女士能够得到 $2^5=32$（个）洞。

188. 小杰攒钱

【谜题】

小杰是一个花钱大手大脚的年轻人，每个月刚刚拿到薪水，没过几天就花掉了一大半，到了月底有时还要借钱度日。对于这种情况，小杰也十分苦恼，他决定养成节约的好习惯。所以这次拿到薪水后，他把所有的百元钞票都锁在抽屉里，每次要用的时候，从里面取出一半，再特地放回去 1 张。这样一共取了 5 次后，也到了月底。小杰打开抽屉一看，发现里面还有 4 张百元钞票，这让他觉得十分开心。

根据这段描述，你能够推出小杰最初放进抽屉里的百元钞票有几张吗？

【解析】

这道题如果按照常规思维来思考，设小杰最初放进抽屉的钞票有 x 张，然后根据题干来列方程式，就会非常复杂。所以我们不妨尝试倒推法，从小杰最后一次取钱开始思考，这样思路会更清楚，而且不容易出现错误。

小杰在第 5 次取钱后，抽屉里还有 4 张钞票，那么他在第 5 次取钱之前，抽屉里的钞票数是（4–1）× 2=6（张）；

依此类推，第 4 次取钱之前，抽屉里的钞票数是（6–1）× 2=10（张）；

第 3 次取钱之前，抽屉里的钞票数是（10–1）× 2=18（张）；

第 2 次取钱之前，抽屉里的钞票数是（18–1）×2=34（张）；

第 1 次取钱之前，抽屉里的钞票数是（34–1）×2=66（张）。

因此，小杰最初放进抽屉里的是 66 张百元大钞。

189. 巧拿钻石

【谜题】

范磊参加了某公司的面试，在面试中，范磊被问到了这样一个问题：“假设你正坐电梯从 1 层前往 10 层。电梯上升过程中，每到一层，就会打开一次门，门口都会放着一颗闪闪发光的钻石，不过这十颗钻石的大小不一样。现在只有一次拿钻石的机会，而且不能返回之前到过的楼层，请问怎样做才能拿到最大的一颗钻石。”

范磊思考了一会儿，觉得束手无策。你能帮助范磊解决这个难题吗？

【解析】

这道题目考察的是我们的开放性思考和逻辑思考能力，它其实没有标准答案。这里提供一种可能的解法，是按照递推法的思路分步骤进行的：

第一步，观察 1~3 层钻石的大小，记下最大的一颗在哪一层；

第二步，观察 4~6 层钻石的大小，记下最大的一颗在哪一层；

第三步，将 1~3 层最大的钻石与 4~6 层最大的钻石作比较，确认最大的钻石的平均大小；

第四步，观察 7~10 层的钻石的大小，如果第 7 层的钻石能够达到最大的钻石的平均大小，就可以不再观察之后的钻石，拿走这颗钻石即可，如果没有达到，就继续到第 8 层观察；如果第 8 层钻石能够达到最大的钻石的平均大小，就可以不再观察之后的钻石，拿走这颗钻石即可……

小提示：本题还有另外一种计算解法，答案与上面的方法有一定出入。这种方法是用数学上的“37% 法则”来进行计算，37% 实际上是 1/e 的近似值，它也是最佳选择的一个分割点，也就是说当我们面临多种选项时，应当先排除掉前面的 37%，再用后面的选项与这 37% 的选项中最优的选项相比较，如果结果是优，就不用再继续考虑下一个选项；如果结果是劣，则还要继续比较下一个选项。

在本题中，一共有 10 颗钻石，乘以 37% 后结果为 3.7 颗，约等于 4 颗，所以我们可以排除这 4 颗钻石，也就是在前四层都不要拿钻石，但要记下前四层最大的钻石大小。然后从第五层开始，发现有钻石大于前四层中最大的钻石，就将它拿走。

190. 共有几场比赛

【谜题】

某市举办了一场围棋大奖赛，进入复赛的选手共有七人。根据比赛规则，每名选手都要与其他选手分别比赛一场，那么复赛一共要比多少场呢?

【解析】

我们可以先用递推法来解答这道题目，为了简化思考，不妨用1~7的序号来代替这七名选手。需要提醒的是因为参赛人数为奇数，所以每轮比赛必有一人轮空。

在复赛第一轮：共有三场比赛，并有一人轮空，即1号对战2号，3号对战4号，5号对战6号，7号轮空；

同样的道理，第二轮：1号对阵3号，2号对阵4号，5号对阵7号，6号轮空；

第三轮：1号对阵4号，2号对阵3号，6号对阵7号，5号轮空；

第四轮：1号对阵5号，2号对阵6号，3号对阵7号，4号轮空；

第五轮：1号对阵6号，2号对阵5号，4号对阵7号，3号轮空；

第六轮：1号对阵7号，3号对阵5号，4号对阵6号，2号轮空；

第七轮：2号对阵7号，3号对阵6号，4号对阵5号，1号轮空。

由上可知，复赛一共要经过21场比赛才能完成。

小提示：本题也可以利用等差数列求和公式来计算总场次。设 n 是参赛者的数量，由于 1 号参赛者要分别与其他（n−1）名参赛者都比一次，共（n−1）场，所以等差数列的最终项是（n−1）。列出公式：1+2+……+（n−1）=n×（n−1）÷2，代入 n=7，通过计算也可以得到总场次为 21 场。

191. 奇怪的数字

【谜题】

有这样一个六位数，它的首位数是 1。如果把这个六位数乘以 3，得到的结果仍然是原来出现过的六个数字，只不过数位不再相同：1 成了末位数，其他五个数字依次向左移动一位。

根据这段描述，你能推算出这个数字是多少吗？

【解析】

设这个六位数是 1abcde，它乘以 3 后，将得到 abcde1，为了推出 abcde 分别是哪个数字，我们可以用倒推的思路从 e 开始推算：

第一步：e 是一个一位数，它乘以 3 后得到的结果末位数为 1，那么 e 只能是 7。原数字为 1abcd7，乘以 3 后，得到 abcd71；

第二步：d 是一个一位数，它乘以 3 后得到的结果末位数为 7−2=5（因为第一步的 7 乘以 3 需要进 2），那么 d 只能是 5。原数字为 1abc57，乘以 3 后，得到 abc571；

第三步：c是一个一位数，它乘以3后得到的结果末位数为5−1=4（因为第二步的5乘以3需要进1），那么c只能是8。原数字为1ab857，乘以3后，得到ab8571；

第四步：b是一个一位数，它乘以3后得到的结果末位数为8−2=6（因为第三步的8乘以3后需要进2），那么b只能是2。原数字为1a2857，乘以3后，得到a28571；

第五步：a是一个一位数，它乘以3后得到的结果末位数为2（第四步2乘以3没有进位），那么a只能是4。

因此，我们要推算的这个六位数就是142857。

小提示：本题还可以采用计算解谜的思路，设原来的六位数为100000+x，根据题意可以列出算式：$3\times(100000+x)=10x+1$，由此计算得到x为42857，也能推出原来的六位数是142857。

192. 最多能喝几瓶矿泉水

【谜题】

夏天到了，天气炎热起来，一家便利店也开始进行矿泉水促销活动。顾客购买一瓶矿泉水只要1元钱，喝完后用两个空瓶子还能再换一瓶矿泉水。如果你现在有20元钱，最多能喝到几瓶矿泉水呢?

【解析】

解这道题需要用递推法的思路，也就是在思考时注意从上到下，一步步推理。

第一步：因为一瓶矿泉水售价 1 元，所以用 20 元可以买到 20 瓶矿泉水。

第二步：喝完矿泉水后得到 20 个空瓶，两个空瓶换一瓶矿泉水，一共可以换到 10 瓶矿泉水。

第三步：喝完 10 瓶矿泉水后得到 10 个空瓶，可以换到 5 瓶矿泉水。

第四步：喝完 5 瓶矿泉水后得到 5 个空瓶，可以换到 2 瓶矿泉水，手头还余下 1 个空瓶。

第五步：喝完 2 瓶矿泉水后得到 2 个空瓶，可以换到 1 瓶矿泉水。

第六步：喝完 1 瓶矿泉水后得到 1 个空瓶，加上第四步多出的空瓶，可以换到 1 瓶矿泉水。

将所有的结果相加，得到最终结果为 20+10+5+2+1+1=39（瓶），也就是说用 20 元钱在这家便利店能喝到 39 瓶矿泉水。

注意：本题还有另外一种结果，由于第六步喝完矿泉水后剩下了 1 个空瓶，为了避免浪费，可以找路人或老板“借”一个空瓶。假设对方愿意出借，我们就有了 2 个空瓶，可以换一瓶矿泉水，喝完后再把空瓶“还”给对方，这样就又多喝了一瓶矿泉水，所以最多能喝到的矿泉水就变成了 40 瓶。

193. 划船过河的农民

【谜题】

在一条水流湍急的大河边，有一个农民正准备渡河，他带着自己养的狼狗，还赶着一头山羊，身边还有一筐卷心菜。农民发现了一条小船，但是船实在太小了，仅能容下他自己和其他一件物品。

农夫知道自己不能随意离开，因为他不在的时候，狼狗会撕咬山羊，山羊会偷吃卷心菜，都会让他遭受损失。所以农民绞尽脑汁想了个好办法，把所有的东西都运到了对岸。你知道他是怎么做的吗？

【解析】

从题干中我们可以知道，如果农民单独留下狼狗和山羊，或是单独留下山羊或卷心菜都是错误的选择，但要是单独留下狼狗和卷心菜，就不会出现问题。解题的时候也可以由此入手，通过递推法来一步步解答：

第一步：农民可以先把山羊运到河对岸，这样留下的是狼狗和卷心菜，不会出现问题。

第二步：农民再把狼狗运到河对岸，但回程的时候一定要记得带上山羊，否则将山羊和狼狗一起留在对岸，就会造成悲剧。这也是本题中非常关键的一步。

第三步：农民把山羊放下船，把卷心菜装上船，运到河对岸。

对岸留下的是狼狗和卷心菜，不会出现问题。

第四步：农民再次返程，将山羊一起运到对岸。问题就圆满解决了。

194. 两个水壶取水

【谜题】

一群年轻人周末到水库边游玩。准备野餐的时候，活动组织者小李拿出了两个水壶，准备找人去水库取水。为了让活动更加有趣，小李还给大家出了道题目："这两个水壶一个容积是 5 升，一个容积是 6 升，谁能用它们从水库里取来正好 3 升的水，谁就能得到一个纪念品。"

大家都觉得这个挑战很有意思，便争先恐后地去取水，可是最后成功取回 3 升水的人并不多。那么，你知道该如何用这两个水壶取回 3 升水吗？

【解析】

我们可以用递推法来解答这道题，具体解答过程如下：

第一步，我们将容积 5 升的水壶装满，再倒入容积 6 升的水壶中，这样 6 升水壶中就有了 5 升水。

第二步，我们再将 5 升的水壶装满，然后将里面的水慢慢倒入 6 升的水壶中，等到 6 升水壶装满后，5 升水壶中就剩下了 4 升的水。

第三步，将 6 升的水壶倒空，然后把 5 升水壶中剩下的 4 升水倒入 6 升水壶中，6 升水壶中就有了 4 升水。

第四步，再将 5 升水壶装满水，将里面的水慢慢倒入 6 升的水壶中，等到 6 升的水壶装满后，5 升水壶中剩余的水量刚好是 3 升。

195. 分粉末问题

【谜题】

研究员白振刚需要将一堆重 160 克的粉末分成 95 克和 65 克各一份，可是他现在只有两个砝码，一个 13 克、一个 3 克。请问他该如何按照要求分粉末呢?

【解析】

白振刚可以按照如下步骤分粉末：

第一步，将 160 克的粉末分别放在天平的两头，直到天平平衡，这样粉末就被均分为两份，每份都是 80 克；

第二步，将其中一份 80 克的粉末再均分一次，得到两份 40 克的粉末；

第三步，将一份 40 克的粉末放在天平一端，再加上 13 克的砝码；再将 3 克的砝码放在天平的另一端，然后从 40 克粉末中取粉末放到另一端，直到天平平衡，这样天平两端的粉末分别是 15 克和 25 克；

第四步，将 25 克的粉末与之前称得的一份 40 克粉末放在一起，就得到了 65 克粉末；然后将剩余的粉末放在一起，就得到了 95 克粉末。

196. 三轮车的轮胎

【谜题】

韩伯伯买了一辆全新的三轮车，准备帮人运输货物。买车的时候，商家承诺一只全新轮胎可以行驶 2 万公里。那么如果运输计划是 5 万公里的话，韩伯伯怎么用八只全新轮胎来完成运输任务呢？

【解析】

由于每个轮胎能够支持 2 万公里的路程，所以每到 1 万公里的时候，韩伯伯可以考虑进行更换，这样能够延长轮胎的寿命。具体来看，我们可以用 A、B、C、D、E、F、G、H 来代替这八只轮胎，然后用递推法进行思考：

0~1 万公里：使用轮胎 A、B、C；

1 万 ~2 万公里：使用轮胎 A、D、E，之后 A 轮胎报废；

2 万 ~3 万公里：使用轮胎 B、C、D，之后 B、C、D 轮胎都报废；

3 万 ~4 万公里：使用轮胎 E、F、G，之后 E 轮胎报废；

4 万 ~5 万公里：使用轮胎 F、G、H，之后 F、G 轮胎报废。

采用这种方法使用的轮胎总数不超过八只。

小提示：本题答案并不唯一，还可以有其他方案。比如，可以先用A、B、C轮胎跑完2万公里，再用剩下的D、E、F、G、H五个轮胎按照递推法跑完3万公里，这个方案也是可行的。

197. 顾客分酒

【谜题】

小高在家乡开了一家杂货店，除出售各种生活用品和小食品外，还出售散装白酒。一天，有三个老顾客老陈、老李和老王一起上门，他们每人带了一个盛酒的酒壶，分别能装下5斤、11斤和13斤的白酒。

看着三人的酒壶，小高面露难色，他说："三位叔叔，店里现在只有24斤酒，没办法给你们都打满，你们看看怎么分酒呢？"

三人都说："那就每人打8斤好了。"

小高奇怪地说："陈叔叔，你的酒壶只能装5斤酒，我怎么给你打8斤啊？"

老陈满不在乎地说："没事，你先把酒分好，我打5斤回去，一会儿再来一趟，把剩下的3斤打走不就行了。"

这个问题算是解决了，可是小高忽然发现用来打酒用的量勺不见了。眼下，他只能用三位顾客的三个酒壶来均分酒缸里的24斤酒，请问他该怎么做呢？

【解析】

用递推法的思路来解答这道题，步骤如下：

第一步，把酒缸里的 24 斤酒倒入 13 斤的酒壶中，倒满为止。这样酒壶中有 13 斤酒，酒缸中有 11 斤酒；

第二步，把 13 斤酒壶中的酒倒入 5 斤的酒壶中，倒满为止。这样 13 斤酒壶中还有 8 斤酒，也就是正好分到了三分之一的酒；

第三步，把这 8 斤酒倒入 11 斤的酒壶中，老李就分到了 8 斤酒；再把 5 斤酒壶中的酒倒回酒缸中，这样酒缸中就有 16 斤酒；

第四步，把这 16 斤酒倒入 13 斤的酒壶中，倒满为止，这样酒壶中有 13 斤酒，酒缸中还有 3 斤酒；

第五步，把 13 斤酒壶的酒倒入 5 斤的酒壶中，倒满为止，这样 13 斤的酒壶中还有 8 斤酒，也就是说老王也分到了 8 斤酒；

第六步，5 斤酒壶中有 5 斤酒，酒缸中还有 3 斤酒，顾客老陈跑两趟，也能打到总共 8 斤酒。

198. 赶马的老人

【谜题】

有一位老人准备把自己的 4 匹马赶到附近的马场去。因为年纪大体力有限，他每次只能骑一匹马、赶一匹马，而且他的 4 匹马有好有差，最好的一匹马只用 1 个小时就能从本村跑到马场，其他几匹马用时就要长一些，分别是 2 个小时、3 个小时和 4 个小时。

如果老人在早上 8 点出发，他能不能在晚上 8 点前将所有的马都赶到马场呢？

【解析】

由于老人需要骑一匹马、赶一匹马，所以每次赶马所需要的时间都要以速度较慢的那一匹马来计算。

我们不妨将这4匹马按照速度由快到慢的顺序设为甲、乙、丙、丁，然后按照递推法的思路分步思考：

第一步：老人骑着甲马，将乙马赶到马场，用时2个小时；返程时老人骑着甲马，用时1个小时；

第二步：老人骑着丙马，将丁马赶到马场，用时4个小时；返程时老人骑着乙马，用时2个小时；

第三步：老人骑着甲马，将乙马赶到马场，用时2个小时；不需返程。

这样老人赶马用去的总时间为2+1+4+2+2=11（个）小时，而从早上8点到晚上8点之间是12个小时，所以老人可以在晚上8点前将所有的马赶到马场。

199. 全家人过桥

【谜题】

李金瑞一家五口在郊外游玩，忘记了时间，等到天黑以后，才匆匆忙忙地往家赶。现在他们来到一座小桥边，过了小桥再走5分钟，就有一个公交车站。

现在已知：

（1）距离末班车到来还有 31 分钟；

（2）李金瑞过桥的时间为 2 分钟；

（3）李金瑞的妻子过桥时间为 3 分钟；

（4）李金瑞的孩子过桥时间为 4 分钟；

（5）李金瑞的父母已经年迈，走路速度较慢，过桥时间分别为 7 分钟和 8 分钟；

（6）天黑路滑，为了防止危险，需要用手电筒照明，但是他们只带了一个手电筒；

（7）由于桥面比较狭窄，只能允许最多两人同时过桥，而且过桥的时间以速度慢的人为准。

根据以上这些条件，你认为李金瑞一家赶得上末班车吗？

【解析】

这道题中，李金瑞速度最快，为 2 分钟，之后是李金瑞妻子，为 3 分钟；然后是李金瑞孩子，为 4 分钟；最后是李金瑞父母，分别为 7 分钟和 8 分钟。

为了尽量缩短过桥时间，我们可以按照如下的步骤来安排过桥的顺序：

第一步，速度最快的李金瑞和妻子一起过桥，用时 3 分钟（按照速度慢的计算时间）；过桥后，李金瑞返回送手电筒，用时 2 分钟；

第二步，速度最慢的李金瑞父母一起过桥，用时 8 分钟；过桥后，李金瑞妻子返回送手电筒，用时 3 分钟；

第三步，速度最快的李金瑞和妻子一起过桥，用时 3 分钟；过桥后，李金瑞返回送手电筒，用时 2 分钟；

第四步，李金瑞和孩子一起过桥，用时 4 分钟。

这样全家人过桥的时长为 3+2+8+3+3+2+4=25（分钟），又因为过桥后还要走 5 分钟才能到公交汽车站，所以全部用时为 25+5=30（分钟）。末班车在 31 分钟后到，因此李金瑞一家还是能够赶上末班车的。

200. 找出不合格的零件

【谜题】

一个工人一天加工了 81 个零件，这些零件从外表上看没有任何不同，但是其中有一个零件比另外 80 个零件稍微重一点。现在工人准备用一架天平来称量这些零件，为了节约时间，他想了一个好办法，只称量了四次就找到了不合格的零件。你知道他是怎么做到的吗？

【解析】

这道题可以分步骤递推解决：

第一次称量：工人将 81 个零件先分为 A、B、C 三组，每组 27 个，然后任意称量两组零件，如果天平平衡，说明剩余的一组里有不合格零件；如果天平不平衡，而不合格零件又是较重的，所以挑出让天平下沉的那一组，不合格零件就在这一组零件中；

第二次称量：如果不合格零件在 A 组中，工人再将 A 组的 27 个零件分为三组，每组 9 个，然后任意称量两组零件，如果天平平衡，说明剩余的一组里有不合格零件；如果天平不平衡，挑出让天平下沉的那一组，不合格零件就在这一组零件中；

第三次称量方法同上，是将 9 个零件分成三组，每组 3 个，找到含有不合格零件的那一组；

第四次称量时，不合格零件的范围已经缩小到 3 个，从中任取 2 个进行称量，如果天平保持平衡，说明剩余的那个就是不合格零件；如果天平不平衡，而不合格零件又是较重的，所以只要挑出让天平下沉的那个零件，就是不合格零件。

201. 等级评定

【谜题】

某公司刚刚进行了一次绩效考核，对员工进行了“优秀”“优良”“合格”“待改进”“不合格”的等级评定。在结果正式公布之前，有几名心急的员工小邓、小方、小郝、小田就找到了部门经理，想问问自己被评为了什么样的等级。

经理看了看考核表，发现其中有些人评定结果很不理想，为了照顾他们的情绪，经理这样说道：“我只能说你们四个人中有两人被评为‘优良’，有两人被评为‘待改进’。”之后，经理给小邓看了小方和小郝的考核结果，给小方看了小郝的考核结果，给小田看了小邓的考核结果。可是，小邓还是感觉困惑，他对大家说：“我不知道自己的考核结果到底怎样，谁能告诉我啊？”

根据以上信息，请你从下面的选项中选出正确的一项：

A. 小方知道四个人的考核结果

B. 小田知道四个人的考核结果

C. 小方、小田知道对方的考核结果

D. 小方、小田知道自己的考核结果

【解析】

我们可以根据题意从小邓开始用递推法进行思考：

小邓看完小方和小郝的考核结果后，仍然不知道自己的考核结果是什么，可见小方和小郝的考核结果是不同的，否则小邓马上就会知道自己的结果。

小方知道上述事实，所以马上想到自己的结果与小郝是不同的，又因为经理给他看了小郝的结果，所以他能够推出自己的结果：如果小郝是“优良”，那么自己就是“待改进”；反之，如果小郝是“待改进”，自己就是“优良”。

对于小田来说，他也知道小邓看到了不同的考核结果，因为小方和小郝结果不同，那么小邓、小田结果也不同。又因为经理给小田看了小邓的考核结果，所以小田能够由此推出自己的结果：如果小邓是“优良”，那么自己就是“待改进”；反之，如果小邓是“待改进”，自己就是“优良”。

由此可见，四人中只有小方、小田知道自己的考核结果，因此本题的正确答案是D选项。

202. 猜猜帽子的颜色

【谜题】

在某公司的跨年晚会上，主持人随机邀请了四名员工，和他们一起玩了一个“猜帽子颜色”的逻辑游戏。

主持人拿出了六顶帽子，其中有三顶是黑色的，两顶是褐色的，还有一顶是蓝色的。主持人让四名员工排成一列纵队，并闭上眼睛。然后主持人从六顶帽子中挑出四顶，分别戴在他们的头上，再让他们睁开眼睛。

这时每名员工都只能看到排在他前面的人的帽子颜色，却看不见自己和自己身后的人的帽子颜色。主持人从后往前分别提问道：“你知道自己戴的帽子是什么颜色吗？”可是连续几个人都说不知道。最后，主持人问了排在第一位的员工同样的问题，这名员工思考了一会儿，说出了一个答案。主持人高兴地说：“回答正确，你真聪明！”

那么，你知道这名员工说的是什么吗？

【解析】

我们可以将员工按照排队顺序设为甲、乙、丙、丁，然后按照倒推的思路，从排在最后的丁开始推理。

如果丁看到排在自己前面的甲、乙、丙戴的帽子的颜色为褐色、褐色、蓝色，那么他很容易就能够猜出自己戴的帽子是黑色的；但是题目说丁不知道自己的帽子颜色，所以前面三人的帽子至少有一顶是黑色的。比如，前三人分别是黑色、褐色、蓝色，丁就不知道自己的帽子是黑色还是褐色；前三人如果是黑色、黑色、褐色，丁也不知道自己的帽子是黑色还是蓝色；前三人如果都是黑色，丁也不知道自己的帽子是褐色还是蓝色。

再对丙进行推理，丙能够看到甲、乙戴的帽子，而且丁的回答也证实了甲、乙、丙三人至少有一人戴了黑帽子，所以如果甲、乙戴的都是褐色帽子，或者甲、乙戴的帽子一褐一蓝，丙都能猜出自己戴的是黑色帽子；然而题目中说丙不知道自己的帽子颜色，所以前面两人的帽子至少有一顶是黑色的。

再对乙进行推理，乙只能看到甲戴的帽子，但他知道前两人至少有一顶黑帽子，假如甲戴的是褐色或蓝色帽子，乙就能够猜出自己戴的是黑色帽子；但题目中说乙并不知道自己的帽子颜色，所以甲的帽子只能是黑色。

因此甲根据以上推理，就可以轻松地知道自己戴的是黑色帽子。

203. 空中加油

【谜题】

某国空军研发出了一种特殊的战斗机，这种战斗机为了减少重量，只设有一个油箱，不过油箱储满油后，可供战斗机绕地球飞行半圈，并且油箱中的油消耗完毕后，其他战斗机还可以在空中完成对接，互相加油，而且加油工作瞬间即可完成（不用计算加油花费的时间）。

现在有这样一个飞行任务：需要一架战斗机从空军基地飞出，绕地球一圈后再飞回基地，而其他提供加油服务的战斗机也要从该基地起飞，而且中途不允许降落，最后所有战斗机都要安全返回基地。假设所有战斗机飞行速度完全相同，那么这个飞行任务一共需要出动几架战斗机呢？

【解析】

在解答这道题的时候，我们应当考虑到每架战斗机在给其他战斗机加油的时候，是不可以全部加完的，否则它自身就没有足够的燃油可以返回空军基地了。

因此，我们可以将绕地球一圈的航程划分为 8 段，一架战斗机满箱油可以飞行 1/2 航程，那么飞行 1/8 航程，需要消耗 1/4 箱油，然后进行分步骤思考：

第一步，三架战斗机 A、B、C 同时从空军基地飞出，飞到 1/8 航程处，每架战斗机消耗燃油 1/4。战斗机 A 将自己的燃油分给 B 和 C 各 1/4，然后带着剩下的 1/4 燃油返航，刚好可以安全回到基地。

第二步，战斗机 B、C 此时的油箱是满的，它们继续飞行 1/8 航程，各自消耗燃油 1/4，战斗机 B 将自己的燃油分给 C1/4，然后带着剩下的一半燃油返航，刚好可以安全回到基地。

第三步，战斗机 C 此时的油箱是满的，它继续飞行 1/4 航程，来到航程的中点，消耗燃油 1/2。与此同时另外三架战斗机 D、E、

F从空军基地起飞，但是它们的飞行方向与A、B、C是相反的，这样才能保证它们尽快与战斗机C相遇。

第四步，战斗机D、E、F逆向飞行1/8航程，各自消耗1/4燃油，战斗机D将自己的燃油分给E和F各1/4，然后自己安全返回基地。

第五步，战斗机E、F此时油箱是满的，它们继续飞行1/8航程，也就是逆向1/4航程，正向的3/4航程，各自只剩下了3/4的燃油。此时战斗机C恰好也飞到了这一点，而且战斗机C的燃油已完全耗尽。于是战斗机E、F可以同时为战斗机C加油，各加1/4，使得三架战斗机都能够安全返回机场。

因此，本题至少需要六架战斗机，才能完成任务。

小提示：在解答这道题的时候，我们还可以在纸上画出简单的示意图。比如，可以用一条线段来代替绕地球一圈的总航程，再将这条线段均分为8段，然后标出每个步骤每一架战斗机航行到哪里，思路就会变得更加清晰了。

204. 海盗分金问题

【谜题】

在经济学中有一个非常古老的模型叫作“海盗分金”，它说的是有五个非常聪明的海盗，准备瓜分100枚金币。他们通过抽签决定顺序，然后按顺序每人提出一个分金币的方案，如果这个方案获得了半数以上（含半数）人的支持，金币就按照这个方案分配；但若是无法获得足够的支持，提出方案的海盗就要被丢进大海里。

因此，每一个海盗在提出方案的时候都会十分谨慎，他们既要想办法获得他人的支持，又要尽可能地为自己多争取一些利益。那么，你知道第一个海盗会提出什么样的方案吗？

【解析】

在这道题目中，想要直接推出第一个海盗的方案是不可能的，因为每个人都希望自己的利益能够最大化，第一个海盗想要得到全部的金子，其他海盗显然不会同意，还会将他丢进大海里。所以为了生存，他必然要分一些金子给其他海盗，具体分配多少暂时不得而知。而这就需要我们通过倒推法，充分考虑每一个海盗的想法，才能一步步推导出第一个海盗的分配方案。

我们不妨先用甲、乙、丙、丁、戊来代指这五个按顺序提出方案的海盗，对于最后一个提出方案的海盗戊来说，他当然希望前面所有的海盗被丢进大海，这样他就能够独占这 100 枚金币了。但这是不可能实现的，因为在他之前提出方案的丁有可能拿走所有的金币。

在只剩海盗丁和海盗戊的时候，无论丁提出什么样的分配方案，哪怕戊不同意，丁也会有 50% 的支持率，所以丁大可以提议将所有金币分给自己，也不会被丢进大海中。这时金币的分配在丁、戊之间，比例为 100∶0。

戊为了避免出现这种结果，就会希望在丁之前提方案的丙还存活着。而在丙、丁、戊开始分配金币的时候，丙一定会将金币分给戊一些，以赢得戊的支持，获得两票，避免被丢下大海。出于利益最大化的打算，丙会分给戊一个金币，戊认为这种方案已经比自己一无所得要好得多，所以也会支持这种方案。对于丁，丙则不会分金币给他，因为丁的一票对丙的生死没有影响，而且不分金币给丁，也能让丙的利益最大化。这样金币的分配在丙、丁、戊之间，比例为 99∶0∶1。

在这种情况下，丁就会希望乙还能存活着，否则自己的利益得不到保证。而在乙、丙、丁、戊分金币的时候，又出现了类似的情况：乙愿意分金币给丁，不愿意分给丙。而且他只要分给丁就能获得 50% 的支持率，没有必要再分给戊了，所以金币的分配在乙、丙、丁、戊之间，比例为 99∶0∶1∶0。

这时丙就会希望甲也存活着，而在甲、乙、丙、丁、戊分配金币的时候，甲会发现自己需要赢得至少两个海盗的支持，其中乙是不用考虑的，因为乙是最希望甲被丢下大海的，而丙是最好“收买”的，只要分给他 1 个金币，让他避免一无所得，他就会支持甲的方案。同样的道理，收买戊也会比丁容易一些，因为在乙、丙、丁、戊分配方案中，他也是一无所得，所以分给他一个金币也能获得他的支持。因此分配方案按照甲、乙、丙、丁、戊的顺序就是 98∶0∶1∶0∶1。

本题的正确答案是：按照抽签顺序，第一名提出分配方案的海盗将分给第三名、第五名海盗各 1 枚金币，自己获得 98 枚金币。

第八章

因果解谜：运用因果联系，看穿逻辑走向

如果某个现象的出现会引起另一个现象出现，那它们之间就会有因果联系。在解答论证型的逻辑题目时，我们要学会抓住因果联系，进行由果到因，由因到果，由相关到因果的推理，这样才能跳出思维的陷阱，揭开题目要求解释的真相。

205. 因果关系推理（一）

【谜题】

有这样一组词语：下雨—带伞。请根据词语之间的关系，选出有相同关系的一项：

A. 吃饭—睡觉　　B. 生病—吃药

C. 科学—研究　　D. 抚养—养育

【解析】

观察“下雨”和“带伞”这两个词，可以发现它们之间是一种因果顺承的关系，如果将因果关联词代入其中，关系就会更加清楚，即“因为下雨，所以带伞”。所以我们在解题时也要找出具有因果关系的词组，而四个选项中只有选项 B 是符合要求的，“生病”和“吃药”也是因果关系，即“因为生病，所以吃药”。

因此本题的正确答案就是 B 选项。

206. 因果关系推理（二）

【谜题】

有这样一组词语：付出—收获。请根据词语之间的关系，选出有相同关系的一项：

A. 懒惰—锻炼　　B. 迟到—早退

C. 注意—谨慎　　D. 努力—成功

【解析】

仔细分析“付出”和“收获”这两个词语，可以发现它们之间是有因果关系的，即付出才能有所收获，如果用因果关联词来连接的话，还可以将这两个词语拼接成这样的句子：“付出是收获的原因。”

在四个选项中，只有 D 选项的两个词语具备同样的关系，可以拼接成“努力是成功的原因”，所以本题的正确答案是 D 选项。

207. 出国进修名单

【谜题】

某公司准备安排一批员工出国进修。一名销售部的员工断言：“如果陈伟能够获得进修资格，那他一定是工作满五年的老员工。”

你认为这名员工的结论依据的是以下哪项前提呢？

A. 陈伟是内定人员

B. 有些工作满五年的员工有进修的资格

C. 只有工作满五年的员工，才能获得进修资格

D. 有些工作满五年的员工不具备进修的资格

【解析】

本题是在为销售部员工断言的“结果”寻找“原因”，因为结果中有“断言”“一定”这样的具有确定性的词语，所以选项中带有不确定性的选项 B、D 都不足以成为“原因”，而选项 A 属于无

关选项，因此只有选项 C 才是正确答案，它能够解释“陈伟获得进修资格”与“工作满五年”之间的因果关系。

208. 恶化的地球环境

【谜题】

有一项统计显示，近十年来，极端天气和各种自然灾害出现的频率大大超过了过去。有科学家得出了这样的结论：地球环境已经越来越恶劣，对人类来说也越来越危险了。

那么，下面哪一项最能够削弱科学家的结论呢？

A. 近十年来，可能影响气候的海洋开发情况没有太大改变

B. 近十年来，针对自然灾害的预警措施已经大大好于过去

C. 人口压力迫使部分人居住在自然灾害频发的地区

D. 近十年来，关于自然灾害的记录更加完整、翔实

【解析】

这道题目主要在解释“极端天气和自然灾害频发”是因为“地球环境越来越恶劣”，也就是自然原因造成了这种结果，但是 C 选项不是自然原因，而是人为因素使人类主动靠近了灾难，所以 C 选项对于结论的削弱程度是最严重的。

209. 工作环境的影响

【谜题】

某制造企业的人力资源部门通过调查发现，那些在比较舒适的环境下从事生产的员工生产效率要高出那些在不舒适环境生产的工人。这说明工作环境越舒适，员工的生产效率越高。

那么，以下哪一项最能削弱上述推论呢？

A. 生产效率高的员工，工作时间比生产效率低的员工长

B. 在喧闹的环境中，员工容易心情烦躁、无心生产

C. 在安静的环境中，员工注意力集中，完成任务更快

D. 舒适的工作环境是对生产效率高的员工的奖赏

【解析】

在这道题目中，“工作环境舒适”和“生产效率提高”构成因果关系，即“有了舒适的工作环境，才能够提高生产效率”。而 D 项则发生了因果倒置，即“生产效率提高才能获得舒适的工作环境”，所以 D 选项是最能够削弱题干的。

210. 慢跑运动与健康

【谜题】

有一项研究发现：经常进行慢跑锻炼的人比不进行锻炼的人身

体健康。因此，经常慢跑有助于增进健康。

那么，以下几项中最能质疑上述结论的是哪一项呢？

A. 只有身体健康者才能进行慢跑锻炼

B. 慢跑能够调节身体的协调程度

C. 年轻女性更加喜欢慢跑运动

D. 每年都有少数人在慢跑时受到运动伤害

【解析】

本题的结论是“慢跑能够增进健康”，B 项和 C 项是无关选项，D 项虽然对结论有一定质疑，但因为只有“少数人”受到运动伤害，所以质疑的力度较弱。

本题应当选 A 项，因为 A 项中的“身体健康”并不是进行慢跑锻炼带来的结果，而是本来就身体健康，所以对结论的质疑程度是最强的。

211. 夫妻作息规律

【谜题】

有一位心理学家对 100 多对不同国籍、年龄、经济条件的夫妻进行了调查，发现那些作息规律有较大差异的夫妻，每个月发生争吵的次数要多于那些作息规律基本相同的夫妻。这位心理学家据此得出结论：保持作息规律基本同步，有助于维护和谐的夫妻关系。

那么，你认为以下哪一项最能削弱心理学家的结论呢？

A. 作息规律变化，会影响人的心理健康

B. 作息规律不同很少是夫妻争吵的直接原因

C. 夫妻之间出现矛盾时，一方往往会改变作息规律，以表示自己的不满

D. 夫妻之间从不争吵，不一定表示夫妻关系和谐

【解析】

本题的因果关系是“作息规律基本同步是维护和谐的夫妻关系的原因”，在四个选项中，C 选项属于明显的“因果倒置”，即“夫妻关系不好，才会出现作息规律改变”。至于其他选项，A 选项属于无关选项，B、D 选项中因为有“很少”“不一定”之类的带有不确定性的词语，所以削弱力度不如 C 选项强烈。因此，要选最能削弱的一项，就要选择 C 选项。

212. 汽油价格上涨

【谜题】

在一些一线城市，由于汽油价格上涨较快，再加上停车费、车位费越来越昂贵，一些计划购买私家车的人可能会重新考虑这个问题。他们也许宁愿选择乘坐出租车或使用网约车服务，也不愿承受养车带来的巨大压力。

请你根据这段文字，从以下选项中找出最恰当的一项：

A. 城市交通压力会得到缓解，堵车问题不会持续加重

B. 汽车销量将大幅减少

C. 人们可能会将计划购买私家车的款项挪作他用

D. 有一些汽车企业会出现严重亏损

【解析】

在解答这道题目时，我们要注意题干中的“可能”“也许”这些关键字，它们说明题干提供的“因”是不确定的，所以我们要找的“果”也应当是带有不确定性的。

从这一点出发，我们就可以发现 A、B、D 三个选项是从题干无法推出的，因为它们都是带有确定性的推论，但实际情况却不一定会是这样。不仅如此，B 选项和 D 选项还犯了“故意夸大”的错误。比如，B 选项说“大幅减少”、D 选项说“严重亏损”，这些结论都是没有根据的。

因此，只有 C 选项是可以推出的结论，正确答案就是 C 选项。

213. 气候与人类行为

【谜题】

有社会学家在研究后发现，炎热的天气可能会对人们的情绪造成影响，会让一些人的攻击性增强，严重时可能引发反社会行为。世界上一些气候炎热的地区，也是攻击行为发生较多的地方。

根据这段话，请你从以下几个选项中选出最恰当的一项：

A. 自然气候对人类行为具有决定性影响

B. 气候越寒冷，人们的攻击行为越少

C. 在炎热地区，社会治安问题很严重

D. 自然气候可以对一些特定的人类行为造成影响

【解析】

题干中出现了“可能”这样的不具有确定性的前提，而且“一些人”“一些地区”这样的说法也说明个别现象不能代表全体，而选项 A、B、C 中的说法都带有强烈的确定性，都是无法推出的结论，而在 D 选项中，出现了“一些”“特定”这样的词语，表明是具有可能性的结论，是能够根据题干推导出来的，所以本题正确答案就是 D 选项。

214. 拯救濒危动物

【谜题】

随着自然环境的不断恶化，不少野生动物数量急剧减少。为了保护濒危动物，有一些人提出要把在野外发现的濒危动物捕捉起来，放到各地的动物园去饲养。那么，你认为以下哪一项最能质疑这种结论呢？

A. 野生动物被人工饲养后，能够产下更多的幼崽

B. 在动物园中饲养的动物后代和野外成长的动物后代能够活到成年的个体数量相当

C. 动物园卫生条件良好，刚生下来的动物幼崽死亡率较低

D. 被人工饲养后，动物自然捕猎能力下降，身体素质降低，健康状况堪忧

【解析】

想要质疑这道题目中的结论“应该人工饲养濒危动物”，就要提供有说服力的“人工饲养并不好”的原因。

在四个选项中，我们可以看到A和C两个选项都在探讨“人工饲养”的优点，所以是无法质疑结论的。而B选项是说“人工饲养也没有增加个体数量”，能够构成一定程度的质疑，但没有D选项的质疑力度强烈。D选项明确地指出了人工饲养的害处，因而最能够质疑结论，所以要选“最”能质疑的一项，就应当选择D选项。

215. 子女教育问题

【谜题】

有一些青少年心理学家通过大量调查研究发现，在北美、欧洲的一些西方国家，如果父母对处于青春期的孩子进行严格的教育和管理，孩子会觉得父母不爱自己，还有可能产生强烈的逆反心理。而在韩国、日本等一些亚洲国家，父母严格教育孩子，会让孩子觉得父母是为自己好，他们不但乐于听从，还会觉得很温暖。

请你根据这段话，从以下选项中选出最适当的一项：

A. 韩国、日本的青少年更容易管教

B. 西方国家更重视人性化的教育方式

C. 欧美青少年逆反心理过于强烈

D. 东西方文化背景会影响青少年教育的效果

【解析】

对于这道题，我们不妨把青少年教育出现的这种地域性的差异看成“结论”“结果”，然后从选项中寻找能够支持这种结论的“原因”。在四个选项中，A 选项和 C 选项都属于没有说服力的主观臆断性说法，在题干中找不到任何支持证明，所以也无法成为我们要寻找的“原因”。同样，B 选项也有这种问题。

再来看 D 选项，东西方文化背景确实可能造成孩子对父母教育方式的理解和接受情况不同，可以成为我们要寻找的“原因”，因此本题的正确选项就是 D 选项。

216. 网络文学的崛起

【谜题】

随着互联网的蓬勃发展，网络文学快速崛起，各种题材、流派的小说层出不穷，满足了不同读者的喜好，吸引了广大读者在网络上点击和阅读。有很多人气较高的作品在出版后更是掀起了读者追捧的狂潮，也让一些网络写手获得了丰厚的收入。现在，很多传统文学作家也在不断调整自己的心态和认知，努力与网络文学“牵手”，想要写出让读者喜爱的作品。

根据上述文字，无法推出以下的哪一项呢？

A. 人气高的网络小说会受到出版社的大力欢迎

B. 网络写手必须迎合读者喜好，才能写出受追捧的作品

C. 网络阅读即将取代传统阅读模式

D. 传统文学作家需要改变创作思路，才不会被读者抛弃

【解析】

本题旨在为题干中描述的现象找到结论，可以看作由“因”推导“果”的类型题。在四个选项中，A、B、D 三个选项显然都是可以推出的结论，而选项 C 则过于绝对化。虽然从题干来看，网络文学的发展势头确实非常良好，但并不能因此就说它一定能够取代传统的阅读，所以要选无法推出的一项，就应当选择 C 选项。

217. 未知来源的陶器

【谜题】

有一些考古人员在某省发掘一座宋代古墓时，意外地发现了一些与古墓中的文物风格完全不同的碎陶片。根据陶片表面的花纹，专家推测它们是先秦时期的文物。但是对于陶器的来源，有位专家提出了一个观点，说是因为附近有年代更为久远的古墓，由于地质变动，才会让这些陶片逐渐落入这个宋代墓穴中。

对于这位专家的观点，你认为以下哪一项最能对其构成质疑？

A. 在这座宋代古墓中还发现了属于其他年代的文物

B. 并非只有先秦时期才会有这种风格的陶片，其他年代也会有类似的陶片

C. 宋代墓葬风俗是将墓主生前最喜欢的物品一同下葬

D. 这座宋代古墓保存极为完好，找不到任何坍塌、破损的痕迹

【解析】

题干中的因果关系是“由于地质变动，才会让这些陶片逐渐落入这个宋代墓穴中”。对于四个选项，A、B 选项属于无关项，C 选项可以对“地质变动”这个原因构成质疑，但质疑的程度不如 D 选项强烈，D 选项指出古墓完好，直接否定了“地质变动”造成破损，才会让其他墓穴的陶片落入这个墓穴成为可能，所以本题的正确答案应当选择 D 选项。

218. 被否决的方案

【谜题】

一家公司的一个产品小组就一项新产品开发计划提出了方案，但是被部门经理否决了。这个产品小组向上级部门反映后，得到了这样的处理措施：先争取高层领导的签名，只有得到了 20% 以上的领导签名，方案才能进入高层会议，再由全体高层领导投票表决。结果，这个方案还是被否决了，因为大多数高层领导投了反对票。

从这段话中最能够推出以下哪项结论呢？

A. 投反对票的高层领导不多于 80%

B. 在方案上签名的高层领导不少于 20%

C. 在方案上签名的高层领导不到 20%

D. 在方案上签名的高层领导都不是产品部门的

【解析】

根据题意，该方案已经进入高层会议，来到了“全体高层领导投票”这个环节，这说明方案肯定争取到了 20% 以上的领导签名，因此 B 选项是可以推出的。其他各项均不能推出，如题干说“大多数”领导投了反对票，但到底是多少并不确定，所以 A 选项中的“不多于 80%”是推不出的。再如，签名的高层领导属于哪个部门也没有足够的信息可以推断，所以 D 选项也不正确。

因此本题的正确答案是 B 选项。

219. 货币国际化

【谜题】

货币国际化指的是货币能够跨越国界，成为国际上普遍认可的货币的过程。货币国际化虽然具有一定的风险性，但也能够带来很多好处。比如，发行国可以享受国际铸币税带来的收益，还能够拥有在国际金融体系中的话语权，并且能够改善贸易条件，为对外投资活动提供了很多便利。

不仅如此，对于个人来说，货币国际化也能带来很多“实惠”，特别是在出国旅游、留学的时候，用本国货币就能够更加方便地支付，不用再忍受烦琐的兑付之苦了。因此，很多国家的货币都开始了国际化的进程。

请你读一读上述这段话，想想看它的意思更符合以下哪一项？

A. 说明了实行货币国际化的结果

B. 揭示了货币国际化的实现途径

C. 说明了很多国家追求货币国际化的原因

D. 警惕货币国际化存在的风险

【解析】

这道谜题的题干看似复杂，但如果我们把握住关键词“因此”，就会发现这是一道因果型逻辑题。题干中所有的叙述其实是在说明“因为货币国际化有众多好处，所以很多国家才会积极地选择货币国际化”，因此正确答案是C选项。

这也提醒了我们在解答这类题目时一定要善于抓住因果联系，特别是一些非常明显的关联词如“因为……所以……”“因此”“之所以……是因为”等更是非常清楚的信号，它们可以帮助我们避免很多误解。

在其他三个选项中，最具有迷惑性的是A选项，但实际上仔细分析我们就会发现“很多国家开始了货币国际化”，结果具体怎样暂时还不得而知，所以A选项是错误选项。

220. 恐龙是否死于慢性中毒

【谜题】

有研究人员对一批恐龙骨骼化石进行了分析，发现这些骨骼化石中含有有毒的砷、钡、铬、铀等元素，而且含量很高，比现代陆生动物体内有毒元素的含量高出了几百倍，但可以解毒的锌元素的含量却很低。因此研究人员推测这些恐龙可能是死于慢性中毒。

对于研究人员的说法，有很多人提出了质疑，你认为以下这些质疑说法中哪一种最没有说服力呢？

A. 有毒元素本来在土壤中，随着长年累月渗透沉积，才会进入骨骼化石

B. 骨骼化石中虽然锌元素含量低，但还含有其他可以解毒的元素

C. 发现骨骼化石的岩层中还有一些植物化石，经分析后发现它们的有毒元素含量很少

D. 从骨骼老化程度看，这些恐龙已经趋于老年，可能是自然老化死亡

【解析】

题干中的原因是“恐龙化石中有毒元素含量超高，解毒元素含量超低”，推出的结果是“恐龙死于慢性中毒”，现在要求我们找到一项最不能质疑“恐龙死于慢性中毒”的说法。首先来看A选项，它为毒素的来源找到了另外一个原因——来自恐龙死后土壤中毒素

的自然堆积，所以 A 选项能够质疑“恐龙死于慢性中毒”。

再来看 B 选项，它指出了还有其他解毒元素的存在，也就表示恐龙不是死于中毒；D 选项指出了骨骼老化程度偏高，所以恐龙的死因可能是自然老死，也对“慢性中毒说”进行了质疑。只有 C 选项指出植物化石毒素含量少与“恐龙死于慢性中毒”无法构成因果联系，所以这道题应该选 C 选项。

第九章

计算解谜：准确解决定性和定量问题

对于涉及数字、加减、倍数关系等数学概念的逻辑谜题，我们得充分发挥自己的数学分析和计算能力才能快速而准确地得出正确答案。计算可以让我们的思维变得更加缜密，我们的大脑在数学“体操”的锻炼下也变得越来越聪明。

221. 校对稿件

【谜题】

有100篇散文稿件由三位编辑老师王老师、陈老师、徐老师负责校对。经过一番辛苦的工作后，王老师校对了60篇稿件，陈老师校对了70篇稿件，徐老师校对了75篇稿件。那么，他们三人都校对过的稿件最少有几篇呢？

【解析】

根据题干，王老师没有校对过的稿件有100–60=40（篇），陈老师没有校对过的稿件有100–70=30（篇），徐老师没有校对过的稿件有100–75=25（篇）。这些没有校对过的稿件不发生重复的话，就是三人都检查过的稿件最少的情况，所以100–40–30–25=5（篇），即三人都校对过的稿件最少有5篇。

222. 顺流行船

【谜题】

严师傅是一名老船工，他的船顺流航行时每小时能航行20千米。按照这样的速度，严师傅用三个小时就能从甲地运输货物到乙地，但是从乙地回甲地时是逆流航行，花费的时间要多两个小时。那么这条船顺水漂流（不依赖船本身的动力）两个小时，航程能达到多少呢？

【解析】

顺流、逆流问题是计算类逻辑题目中经常会出现的一种题型。在解答这类题目时，我们要注意船顺流航行的时候速度是静水中航行的速度与水流速度之和；而在逆流航行的时候速度是静水中航行的速度与水流速度之差。

对于本题，我们可以设船在静水中航行的速度为 x 千米 / 小时，而水流的速度为 y 千米 / 小时，由于题干中指出船顺流航行速度为 20 千米 / 小时，所以可列出算式 $x+y=20$；

又因为从甲地到乙地为顺流航行，时间为三个小时，从乙地到甲地为逆流航行，时间为五个小时（3+2=5），由此可以列出算式 $3\times20=5\times(x-y)$；

解方程组，可以得到 $x=16$，$y=4$。而船不依靠自身动力漂流的时候，速度就是水流的速度，所以顺水漂流两个小时，航程为 $4\times2=8$（千米）。

223. 富翁的遗产

【谜题】

有一位无儿无女的富翁，临终前立了一份遗嘱，要将自己价值 3000 万美元的遗产分配给跟随自己时间最长的四个工作人员，其中包括一名管家、一名律师、一名医生和一名护士。

现在已知：

（1）律师跟随富翁的时间是护士的 3 倍；

（2）管家跟随富翁的时间是律师的 2 倍；

（3）医生跟随富翁的时间是管家的 1/3。

如果遗产按照他们跟随富翁时间长短的比例来分配，那么每个人各自能够分到多少遗产呢？

【解析】

假设护士跟随富翁的时间为 x，那么，律师跟随富翁的时间是 $3x$，管家跟随富翁的时间是 $6x$，医生跟随富翁的时间是 $2x$。所以管家、律师、医生、护士能够分得的遗产比例就是 6∶3∶2∶1，经计算可得管家分得 1500 万美元，律师能够得到 750 万美元，医生能够得到 500 万美元，护士能够得到 250 万美元。

224. 加工费计算

【谜题】

某加工厂接到了加工一批元器件的订单，这批元器件有 3500 个，工人按照要求进行加工，每个元器件的加工费是 2.5 元，如果在加工中出现纰漏，造成元器件损坏，每损坏一个，工厂需要赔偿 6 元。

如果工厂最终获得的加工费是 8138 元，那么，工人在加工过程中损坏了多少个元器件呢？

【解析】

如果工人没有损坏任何一个元器件，工厂能够获得的加工费是 2.5 × 3500=8750（元），但是工厂最终获得的加工费是 8138 元，也就是少获得了 8750–8138=612（元）。

已知每损坏一个元器件需要赔偿 6 元，再加上本身的加工费 2.5 元也发生了损失，总的损失就是 6+2.5=8.5（元），所以 612 ÷ 8.5=72（个），也就是说，工人在加工中一共损失了 72 个元器件。

225. 是否能够及格

【谜题】

李海洋正在参加英语考试，考卷内容由 60 道“三选一”的选择题组成，一道题一分，及格分数为 30 分。李海洋没有认真复习，在回答很多题目时都觉得十分困难，真正有把握做对的题目只有 12 道，剩下的题目他打算靠概率蒙混过关。他认为三选一的题目，随便选择也会有 30% 的正确率，所以他一定能够及格。你认为他的想法有可能实现吗？

【解析】

李海洋能够做对的题目有 12 道，没把握做对的题目有 60–12=48（道），如果这 48 道题目只有 30% 的正确率的话，答对的题目就只有 16 道，那么他总共答对的题目只有 12+16=28（道），而及格线是 30 道题目，所以李海洋是无法及格的。

226. 被揭穿的谎言

【谜题】

某公司为了答谢客户，准备了一批礼品，由销售员分发给各自负责的客户。几天后，销售经理想要统计一下礼品发放的情况，其他销售员手头都还有一些没发完的礼品，只有销售员小宋说自己的礼品全部发完了。

经理问小宋把礼品发给了几位客户，小宋不假思索地说："公司派发给我的是 50 件礼品，我分给了 10 位客户，每个人得到的礼品数目都不相同。"

听完小宋的话，经理惊讶地说："你确定每位客户的礼品数目不同吗？"小宋连连点头。经理生气地说："你根本就是在说谎！"那么，你知道经理是怎么看出小宋在说谎的吗？

【解析】

如果小宋说每位顾客得到的礼品数目相同，那么 50÷10=5（件），也就是说，每位顾客得到 5 件礼品，这是很正常的分配方案。可是小宋说每位顾客得到的礼品数目不一样，那么至少会出现这样 1+2+3+4+5+……+10=55（件），也就是说 50 件礼品根本无法进行这样的分配，所以经理一听就知道小宋是在说谎。

227. 四个孩子各多大

【谜题】

在中国工作的贝克医生有四个孩子。有一次，一位护士问他几个孩子各多大，贝克医生想了想，跟护士开了个玩笑说："他们的年龄都是自然数，如果乘在一起，结果就是15。"

这个护士非常聪明，马上问了一句："有的孩子是一样大的，对吗？"贝克医生点点头。护士很快就想到了答案。那么，你知道贝克医生的孩子各是多大吗？

【解析】

想让四个自然数的乘积为15，而且自然数可以相同，那么有可能是1、1、3、5或者1、1、1、15。也就是说，贝克先生的孩子有可能是一个5岁，一个3岁，还有一对1岁的双胞胎；或者是一个15岁，还有三个是1岁的三胞胎。

228. 兄弟年龄之谜

【谜题】

小刘是一名大三学生，还有一个弟弟。有一天，室友问他："小刘，你的弟弟今年多大？"小刘有心要考考室友，就对他说："我和弟弟今年的年龄加起来等于35。我像他这么大的时候，他的年龄恰好是我的年龄的一半。你猜猜我弟弟到底是多大？”

小刘的问题难住了室友，你能帮室友揭开谜底吗？

【解析】

假设弟弟当年的年龄是 x 岁，那么小刘当年的年龄是 $2x$ 岁，两人的年龄差为 x 岁。

弟弟今年的年龄是 $2x$ 岁，则小刘今年的年龄为 $3x$ 岁，又因为 $2x+3x=35$，所以 $x=7$，那么弟弟今年是 14 岁，小刘今年是 21 岁。

229. 行军速度是多少

【谜题】

有一群大学生正在参加军训，这天他们的任务是负重行进到某个目标地点。刚开始他们精力充沛，迈开大步向前跑，速度可以达到每小时 12 千米。就这样跑过一半的路程后，大多数人都感到非常疲倦，后面的路程只能靠步行才能走完，这样速度只有 4 千米 / 小时。那么，他们这一路上的平均速度是多少呢？

【解析】

这个问题看似简单，错误率却是比较高的，主要是因为很多人在答题时没有注意分析题意，简单地将平均速度理解为前后速度相加再除以 2，这样得到的答案肯定是错误的。事实上，想要算出平均速度，就需要先计算消耗的时间，再用总的路程除以总的时间，才能得到平均速度。

为此，我们不妨将全部路程设为 x 千米，前一半路程为 $x/2$ 千米，消耗的时间为 $x/2 \div 12=x/24$；后一半路程消耗的时间为 $x/2 \div 4=x/8$；因此平均速度为 $x \div (x/24+x/8)=6$（千米 / 小时）。

230. 三个孩子的年龄

【谜题】

张教授有三个孩子，非常有趣的是这三个孩子的生日居然是同一天。所以张教授这天特地请了假，回家给孩子庆祝生日。他走的时候，一位研究生问他："老师，你的孩子都是一样大吗？"

张教授笑着说："当然不是，我告诉你吧，要是把他们三个的年龄相乘，得到的结果是 36。"

研究生疑惑地说："再告诉我一点条件吧，要不我猜不出他们的年龄啊。"

张教授想了想，指了指坐在一间教室里的学生说："你去数一数吧，这里有多少人，我的三个孩子的年龄之和就是多少。"

研究生很快就数清楚了，可是他还是不能确定答案。张教授一拍脑门说："忘记告诉你了，大儿子下半年就上三年级了。"

这下研究生马上就想到了答案，你知道这个答案是什么吗？

【解析】

张教授给出的第一个条件是三个孩子的年龄之积等于 36，因此，我们可以列出所有可能出现的年龄组合，包括有1、1、36；1、2、18；1、3、12；1、4、9；1、6、6；2、2、9；2、3、6；3、3、4这八种组合。

张教授给出的第二个条件是三个孩子的年龄之和等于教室人数，教室里有多少人，研究生一数便知，也可以根据这个条件从上面的组合中选择符合要求的组合。但是他无法确定孩子的年龄，说明这样的组合并不唯一。我们可以具体计算一下，就会发现1、6、6和2、2、9这两种组合之和均为13，所以三个孩子的年龄组合就是这两种组合之一，而且其中肯定有一对双胞胎，但是不知道双胞胎年龄大还是另外的那个孩子年龄大。

张教授给出的第三个条件是“大儿子要上三年级”，这说明双胞胎的年龄比大儿子小，所以2、2、9就是最终的答案。我们还可以用常识来验证，9岁的孩子上三年级也是符合实际的，所以本题的正确答案就是大儿子9岁，剩下的一对双胞胎都是2岁。

231. 中奖概率

【谜题】

在一堂高中概率课上，陈老师拿出了五张花色一样的扑克牌，点数分别是1、2、3、4、5。陈老师对学生们说：“我们来做个抽奖游戏，每位同学从这五张扑克牌中抽出两张，如果点数之和等于5，就获得一等奖；如果点数之和能够被3整除，就获得二等奖，其他情况都不获奖。”

学生们听完陈老师的介绍后，觉得非常有趣，都跃跃欲试想要先抽取扑克牌。那么，你知道共有多少个一等奖、多少个二等奖吗？获得一等奖的概率又是多大呢？

【解析】

从五张扑克牌中抽取两张，可能的组合共有10种（点数的顺序对本题没有影响，如4和1与1和4只计算为一种），而点数相加等于5的组合有1和4、2和3，所以一等奖共有两个。获得一等奖的概率为2÷10=0.2，即概率为20%。

从五张扑克牌中抽取两张，点数相加为3的倍数的组合有1和2、1和5、2和4、4和5，所以二等奖共有4个。

232. 亏了还是赚了

【谜题】

夏天到了，服装店老板李玲将春装打折出售，一件长袖衬衫售价128元，与原价相比赔了20%；与此同时，李玲也开始将应季的新品夏装逐一上架，一条短袖连衣裙售价也是128元，与原价相比赚了20%。

这天，一位顾客来到服装店，恰好买下了这两件衣服，李玲心想，一赔一赚，自己没有什么损失。你觉得李玲的想法对吗？她到底是亏了还是赚了呢？

【解析】

李玲的想法过于简单，要想知道是亏了还是赚了，必须通过认真的计算才能弄清楚。首先长袖衬衫赔了 20% 后的价格是 128 元，那么长袖衬衫的原价是 128 ÷（1–20%）=160（元）；短袖连衣裙赚了 20% 后的价格是 128 元，那么短袖连衣裙的原价是 128 ÷（1+20%）=106.67（元）。

李玲通过出售长袖衬衫亏损了 160–128=32（元），通过出售短袖连衣裙赚到了 128–106.67=21.33（元），亏损金额大于赚到的金额，所以李玲实际上是亏损了，她需要重新调整标价和折扣，才能减少自己的损失。

233. 车间技能考核

【谜题】

某制造企业对 100 名车间工人进行了一次技能考核，考核内容共分为三项，其中通过第一项考核的有 91 人，通过第二项考核的有 86 人，通过第三项考核的有 75 人。那么至少有多少人通过了三项考核呢?

【解析】

这道题直接计算会感觉无从着手，所以我们不妨从反面思考，先计算未通过每项考核的人数：未通过第一项考核的有 100–91=9（人），未通过第二项考核的有 100–86=14（人），未通过第三项考核的有 100−75=25（人）。当这些人没有重复的时候，三项考核都通过的人数是最少的，即 100−9−14−25=52（人）。因此，至少有 52 人通过了三项考核。

234. 文具与员工人数

【谜题】

一所中学的总务部门准备为教职工采购一批文具，负责这项工作的牛洁统计了文具的使用情况，记录了以下条件：

（1）每名教师使用 1 支签字笔；

（2）每两名教师使用 1 瓶涂改液；

（3）每三名教师使用 1 个计算器；

（3）每六名教师使用 1 个订书机。

根据这些条件，牛洁一共购买了 156 件文具。那么，你知道学校共有教师多少人吗？

【解析】

设教师人数为 x，那么签字笔的数量为 x，涂改液的数量为 $x/2$，计算器的数量为 $x/3$，订书机的数量为 $x/6$，根据题意可以列出算式：$x+x/2+x/3+x/6=156$，经计算得到 x 为 78。所以该学校共有教师 78 人。

235. 古树的年龄

【谜题】

美术学院的罗老师带着一群学生到植物园写生，在这里，他们看到了一棵十分巨大的参天古树。学生们很想知道古树已经存活了多少年，便去询问植物园的工作人员。工作人员却指着古树旁边一块不起眼的木牌对他们说："答案就在这道题目中。"

罗老师和学生们一看，才发现木牌上写着："我是这座植物园里最老的树木。我的岁数早就超过100岁了，但是今年还不到1000岁，而且我的岁数从左起，每个数字都比右边的数字大2，并且这几个数字之和是21。你能猜到我的年龄吗？"

罗老师的学生们都很聪明，他们很快就猜到了古树的年龄，赢得了工作人员的称赞。那么，你知道正确答案是什么吗？

【解析】

由于古树的年龄在100岁到1000岁之间，所以肯定是一个三位数。我们不妨设这个数字为 $100a+10b+c$。

已知每个数字都比右边的数字大2，所以 $a-2=b$，$a-4=c$。又因为 $a+b+c=21$。不难算出 $a=9$、$b=7$、$c=5$。那么古树的年龄就是975岁。

236. 动物园游玩

【谜题】

一个星期日，唐晶带着自己的女儿去野生动物园游玩。在一片草地上，她们看到了很多鸵鸟和斑马。女儿开心地数起了数，不一会儿，她告诉唐晶："妈妈，我数到了 35 个脑袋，还有 92 条腿。"

根据这段话，你能算出鸵鸟和斑马各有多少吗？

【解析】

计算这道题时要注意鸵鸟有两条腿，斑马有四条腿。所以我们可以设鸵鸟、斑马的数量为 x、y，然后列出二元一次方程组：

$x+y=35$

$2x+4y=92$

经计算可得 $x=24$，$y=11$。所以鸵鸟有 24 只，斑马有 11 匹。

237. 日用品的价格

【谜题】

沈星刚搬了新家，准备到超市购买一些日用品。她发现购买一盒牙膏、三块肥皂需要 25 元钱，购买两盒牙膏、三块香皂需要 35 元。那么，如果沈星只购买一盒牙膏、一块肥皂和一块香皂，一共需要多少钱呢？

【解析】

根据这道题目的已知条件，是无法计算出每盒牙膏、每块肥皂、每块香皂各卖多少钱的。但是我们可以用整体思维来进行思考，将“一盒牙膏 + 一块香皂 + 一块肥皂”看作一个整体，问题就容易解决了。

根据条件“一盒牙膏 + 三块肥皂”售价为 25 元，“两盒牙膏 + 三块香皂”售价为 35 元，将两个“算式”相加得到“三盒牙膏 + 三块肥皂 + 三块香皂”的售价是 60 元。60 元除以 3，结果为 20 元，恰好就是“一盒牙膏 + 一块香皂 + 一块肥皂”的价格。

238. 购买文具

【谜题】

王芳是一名高中教师，她准备给学生购买一些文具作为鼓励他们学习进步的奖励。可是当她来到文具店后，发现自己带的钱不多，只能买 42 支签字笔和 42 瓶修改液，或者 56 个笔记本。

王芳的计划是将 1 支签字笔、1 瓶修改液、1 个笔记本作为一套礼物赠送给学生，所以她必须购买同样数量的签字笔、修改液和笔记本，而且她想把身上的钱正好用完。那么，你知道她应该购买几套文具吗？

【解析】

假设王芳所带的钱为 N 元，那么 N=42（支）签字笔 +42（瓶）

修改液，或者 N=56（个）笔记本。那么签字笔 + 修改液 =N/42，笔记本 =N/56，签字笔 + 修改液 + 笔记本 =N/42+N/56=N/24。

由此可见，如果王芳购买文具各 24 个，就能够恰好把自己的钱用完，而且文具也都能凑成一套。

239. 登山队救援

【谜题】

有一支登山小队在攀登雪山的过程中与营地失去了联系，营地方面立刻派出了一支九人的救援队伍，出发去寻找这支小队。

救援队伍携带了够吃 5 天的干粮，因为领队经验丰富，他们在第二天就找到了登山小队。不过小队有一些队员已经罹难，所带的干粮也全部掉下了悬崖，剩下的队员只能和救援队一同分享干粮。领队统计了一下，发现这些粮食只够全体人员吃 3 天，所以需要尽快下山。

假设每个人消耗的干粮数量相同，再根据以上这些条件，你能够计算出登山小队还有多少幸存者吗？

【解析】

救援队伍携带了 5 天的干粮出发，在第二天找到登山小队，也就是说他们已经消耗了 1 天的干粮，所剩的干粮还够救援队伍的九人吃 4 天。在登山小队的幸存者加入后，干粮只能再吃 3 天，也就是说新加入的人员在 3 天中所吃的粮食相当于原来的 9 人在一天中所吃的粮食，又因为每个人消耗干粮的数量相同，由此可以推出登山小队的幸存者有三人。

240. 该选择哪家公司

【谜题】

楚云涛是一名成绩优异的博士生，因为能力出众，他在找工作时得到了众多大公司的青睐，其中有两家是他比较满意的。这两家公司规模、前景差异不大，但是给楚云涛开出的年薪有很大的区别。一家是处于稳定期的成熟企业A，提供给楚云涛的薪酬方案是年薪60万元，每年提薪10万元；另一家是处于成长期的公司B，提供给楚云涛的薪酬方案是半年薪30万元，每半年提薪3万元。

请问，只考虑收入的话，楚云涛该选择哪家公司呢？

【解析】

我们可以分别计算两家公司提供的薪酬，第一年，A公司60万元，B公司30+33=63（万元）；第二年，A公司70万元，B公司36+39=75（万元）；第三年，A公司80万元，B公司42+45=87（万元）；第四年，A公司90万元，B公司48+51=99（万元）……由此可见，楚云涛选择B公司比较有利。

当然，这道题也可以通过等差数列求和来计算，A公司60+70+80+90+……B公司（30+33）+（36+39）+（42+45）+……等差数列的求和公式为（首项 + 末项）× 项数 ÷2，这里的项数就是相应的年数，我们可以代入任意年数计算，最后也是 B 公司胜出。

241. 看错的价签

【谜题】

刘杰到便利店购买了一杯奶茶和一包熟食，在付钱的时候，他看错了熟食的价签，把个位数和十位数弄颠倒了，所以他掏出了 23 元准备付钱。店员马上纠正了他的错误，告诉他应该付 32 元才对。

那么，你知道这包熟食比奶茶贵多少元吗？

【解析】

刘杰在付账的时候，只看错了熟食的价签，没有看错奶茶的价签，所以 32 元与 23 元的差额 9 元就是熟食的价差。我们不妨将熟食的正确价格设为 $10a+b$（a 是十位数，b 是个位数），那么看错后价格就变成了 $10b+a$。

根据题意，我们可以知道 $10a+b-(10b+a)=9$，也就是 $a-b=1$，所以十位数比个位数大 1。而且个位数不能为零，否则数字颠倒后十位数为零，这个数就不会是两位数了。

因此熟食的价格有可能是 21、32……因为总价是 32 元，所以熟食的价格只能小于 32，因此熟食的价格就是 21 元，而奶茶的价格就是 11 元，熟食比奶茶贵 10 元。

242. 箱子里的三色球

【谜题】

假设有一只大箱子，分别装着红、黄、蓝三种颜色的塑料小球共 160 只。有人开始从箱子里取出小球，如果取出红球的 1/3、黄球的 1/4 、蓝球的 1/5 ，取完后数一数，发现里面还有 120 只小球；如果取走红球的 1/5 、黄球的 1/4 、蓝球的 1/3 ，取完后再数一数，发现还剩 116 只小球。

那么，这三种颜色的小球原本各有多少只呢？

【解析】

按照第一种取法，一共取出了小球 160–120=40（只）；按照第二种取法，一共取出了小球 160–116=44（只）。又因为每次取出的黄球数是一样的，所以差别就在红球和蓝球的数量上。设红球有 x 只，蓝球有 y 只，那么 $1/5x+1/3y-(1/3x+1/5y)=44-40=4$，所以可以推出 $y-x=30$。

再设黄球有 z 只，所以 $x+y+z=160$，且 $2/3x+3/4z+4/5y=120$，$4/5x+3/4z+2/3y=116$，解方程组，可以得到 $x=45$，$y=75$，$z=40$。

所以，红球有 45 只，黄球有 40 只，蓝球有 75 只。

243. 这本书共有多少页

【谜题】

马金阳买了一本英文原版小说，它的页码包括了 3149 个数字，如果不计算书的封面、封底、扉页，你能够算出这本书共有多少页吗？

【解析】

一本书的页码可以包括一位数、两位数、三位数、四位数，等等。从第 1 页到第 9 页共 9 页，都是一位数，共有 9 个数字；从第 10 页到第 99 页共 90 页，都是两位数，共有 90×2=180（个）数字；从第 100 页到第 999 页共 900 页，都是三位数，共有 900×3=2700（个）数字；从第 1000 页到第 9999 页共 9000 页，都是四位数，共有 9000×4=36000（个）数字……

也就是说，如果书的页数为 999 页的话，页码有 9+180+2700=2889（个）数字；如果书的页数为 9999 页的话，页码有 9+180+2700+36000=38889（个）数字。题目中给出的数字在 2889 和 38889 之间，可见这本书的页数超过了 999 页，但少于 9999 页，其中部分页数会用到四位数，但不会出现五位数。

四位数的页码有 3149−2889=260（个）数字，那么四位数的页数为 260÷4=65（页），再加上前面的一位数、两位数、三位数的书页，可以算出这本书共有 9+90+900+260=1259（页）。

244. 三人年龄各是多少

【谜题】

老张、老王、老李三人是好朋友，经常在一起喝酒聚会。一天，在一个小酒吧里，有人好奇地问："你们三个多大了？"三人对视了一眼，没有直接回答这个问题，而是一人说了一句话。

老张说："把我的年龄数字十位数和个位数对调一下，就是老王的年龄。我俩年龄之和是 99 岁。"

老王说："我的年龄最大，正好是老李的 2 倍。"

老李说："我的年龄除以 3，就是他们两个的年龄差。"

这三句话难住了问问题的人，他思考了半天，也没算出老张、老王、老李到底是多大？那么，你能算出他们三个的年龄各是多少吗？

【解析】

我们可以用计算法来解决这道逻辑谜题。假设老张的年龄十位数是 a，个位数是 b，老张的年龄就是 10a+b，老王的年龄为 10b+a（十位数与个位数对调），老李的年龄为 c，根据三人给出的条件，我们可以列出算式：

（1）$(10b+a)+(10a+b)=99$；

（2）$10b+a=2c$；

（3）$(10b+a)-(10a+b)=c/3$。

然后解这个三元一次方程组，得到结果为 a=4，b=5，c=27。

因此，老张的年龄是 45 岁，老王的年龄是 54 岁，老李的年龄是 27 岁。

245. 员工到底有多少

【谜题】

一天，某企业的人事部总监给自己部门的员工出了这样一道题目：“我们公司的员工总数在 1700~1800 人，这个数字除以 5，得到的余数是 3；除以 7，得到的余数是 4；除以 11，得到的余数是 6。请大家计算一下我们公司到底有多少人。”

员工们飞快地动笔计算起来，几分钟后，有个员工报出了答案，人事部总监非常满意，对他的计算能力和思考能力大加称赞。那么，你能够像这名员工一样快速计算出答案吗？

【解析】

这道题可以用简单的思路来计算，因为人数除以 5，余数为 3，可见个位数必须是 3 或 8。又因为人数除以 11，余数为 6，而 1700 就符合这个条件，从 1700 每加 11 得到的数字也都能够满足条件，由此得到 10 个数字为 1700、1711、1722、1733、1744、1755、1766、1777、1788、1799。

其中只有 1733、1788 符合“除以 5，得到的余数是 3”的条件。而 1733、1788 中除以 7 还余 4 的数字只能是 1733，所以 1733 就是最后的答案。

246. 新号码是多少

【谜题】

麦杰因为工作原因，搬到了另外一个城市居住，手机号码也换成了新的。一天，一位朋友问起他的新号码时，发现了一个有趣的现象：麦杰的新手机号码的后四位数正好是旧手机号码后四位数的四倍，而且新号码后四位数倒着写就是旧号码的后四位数。朋友不禁高兴地说："你的新号码真好记啊，我一下子就记住了。"

那么，你知道麦杰的新手机号码的后四位数是多少吗？

【解析】

设麦杰的新手机号码后四位数是abcd，那么旧手机号码的后四位数就是dcba。而且根据已知条件可以知道abcd=dcba×4，所以d只能是偶数。

又因为dcba乘以4以后仍然是千位数字，所以d可能是1或者2（如果大于等于3或乘以4就会变成5位数了），但1不是偶数，所以d只能是2。

由于乘以4后得到的数字尾数为2的可能有3和8，又因为d×4=a，所以a只能是8。

这样旧号码就是2cb8，新号码就是8bc2，旧号码乘以4也就是（2008+100c+10b）×4=8002+100b+10c，经过简化得到算式13c+1=2b，易知c为奇数，可能是1、3、5、7、9中的一个，但b

只能是一位数，所以 c 只能是 1，b 只能是 7。

因此麦杰的新手机号码后四位数就是 8712。

247. 参加宴会的人数

【谜题】

一家大型企业准备举办一次盛大的年会，年会的场地定于当地一家五星级大酒店的宴会厅。负责筹备宴会的王经理正在计算人数，准备安排座位。他发现如果采用 3 人小桌，最后会多出两人；如果采用 5 人桌，最后会多出 4 人；如果采用 7 人桌，最后会多出 6 人；如果采用 9 人桌，最后会多出 8 人；只有采用 11 人桌的时候，不会有额外多出的人数。那么，你知道参加这次宴会的最少有多少人吗？

【解析】

我们可以把参加宴会的总人数设为 x 人，那么根据已知条件，如果再多来 1 个人，就可以让 3 人桌、5 人桌、7 人桌、9 人桌都正好坐满，而 11 人桌则会多出 1 个人。所以 $x+1$ 是能同时被 3、5、7、9 整除的，而 3、5、7、9 的最小公倍数是 315，所以 $x+1$ 就是 315 的整数倍。

所以可以列一个这样的算式：$x+1=315a$，其中 a 是正整数，那么 $x=315a-1$

又因为 x 是能被 11 整除的，所以我们可以将 a 从 1 开始代入正整数计算，看看是否能被 11 整除。经计算可以发现，a=8 的时候，x=2519 是可以被 11 整除的，所以参加宴会的人数最少为 2519 人。

第十章

图表解谜：让抽象的逻辑关系变得清晰

题干错综复杂，各种条件犹如一团乱麻？让图表来帮忙吧。清晰的表格或图形能够帮我们厘清题干中各个元素之间的关系，让困扰我们的问题不再那么抽象，我们也就能够轻轻松松地得到正确答案。

248. 购物中心的地址

【谜题】

某市刚刚建起了一座规模巨大的购物中心。现在已知购物中心的地址在服装城和批发市场之间，而服装城位于批发市场和港口之间。那么，以下判断中正确的是？

A. 购物中心与服装城的距离比到批发市场近

B. 购物中心与服装城的距离比到港口近

C. 购物中心在服装城和港口之间

D. 服装城与港口的距离比到购物中心近

【解析】

这道题用画图法来解决是最为快速和方便的。我们可以在纸上画出如下示意图（如图 6）：

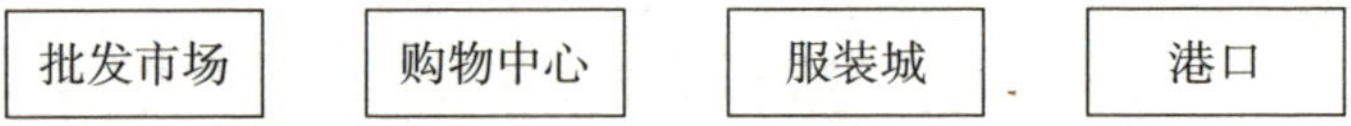

图6

根据示意图来分析四个选项，对于 A 选项，购物中心到服装城的距离和购物中心到批发市场的距离远近无法比较；对于 C 选项，购物中心显然不在服装城和港口之间；对于 D 选项，服装城与购物中心之间的距离和服装城与港口之间的距离远近无法比较。

因此，只有 B 选项是正确的，从购物中心到服装城确实比从购物中心到港口近一些。

249. 客服部门有多少人

【谜题】

2018 年元旦，某公司举办了迎新春知识竞赛，客服部门有 7 名员工参加了常识类竞赛，有 10 名员工参加了古诗词竞赛，两个竞赛都参加的员工有 4 人，没有参加任何竞赛的员工有 25 人。

你能用图表法算出客服部门共有多少员工吗？

【解析】

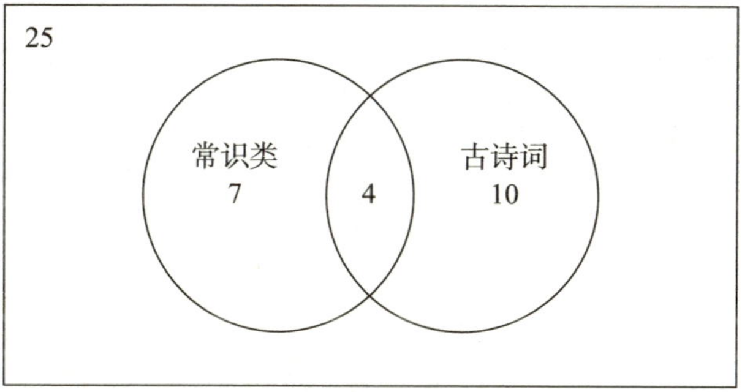

图 7

根据题目描述，我们可以画出这样一个简单的示意图（如图 7）。其中两个圆的面积分别代表参加常识类竞赛和古诗词竞赛的员工人数，两个圆形相交的部分则为同时参加了两个竞赛的员工人数。圆圈外的部分则是没有参加任何竞赛的员工人数，由此就可以很容易地计算出客服部门的员工一共有 7+4+10+25=46（人）。

250. 它们之间的关系

【谜题】

如果所有的A都属于B，有些A属于C，而所有的B都属于D，并且没有E属于D，有些E属于C。

从这些条件中无法推出下列选项中的哪一项呢？

A. 所有 A 都属于 D　　B. 没有 E 属于 B

C. 有些 C 属于 D　　D. 有些 A 属于 E

【解析】

根据题意，我们可以画出以下的示意图（如图 8），用来描述 A、B、C、D、E 之间的关系。

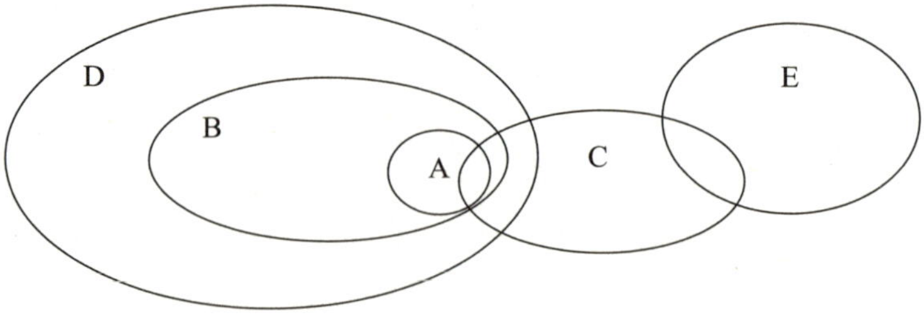

图 8

由上图可以清楚地看到，A、B、C 选项都是正确的，只有 D 选项是错误的。本题要选无法推出的一项，所以答案就是 D 选项。

251. 提前出发的客户

【谜题】

某公司的司机小吴奉命从公司出发，到饭店去接一位重要的客户，约定好的见面时间是上午 10 点。可是客户的日程提前半个小时就结束了，客户想要通知小吴，却没有小吴的联系方式。客户又是个急性子，就自己从饭店出发，徒步向公司方向走去。幸好在半路上，小吴看到了客户，赶紧把客户迎上了车。最终，他们比原计划提前 10 分钟到达了公司。那么，你知道客户徒步走了多久吗？

【解析】

这道题可以用画图的方法解答，根据题意，我们可以画出如下的示意图（如图 9），将小吴和客户在半路上相遇的地点设为 A 点，小吴接客户的时间比计划提前了 10 分钟，说明他的车子少开了 10 分钟，而他少开的距离就是客户从饭店走到 A 点的距离再乘以 2（考虑往返），所以从饭店到 A 点开车（单程）要花费 5 分钟。

由于小吴原定 10 点与客户在饭店见面，那么小吴从公司出发到达 A 点的时间是 9 点 55 分，而客户是 9 点 30 分从饭店出发的，那么客户到达 A 点花费的时间是 25 分钟。

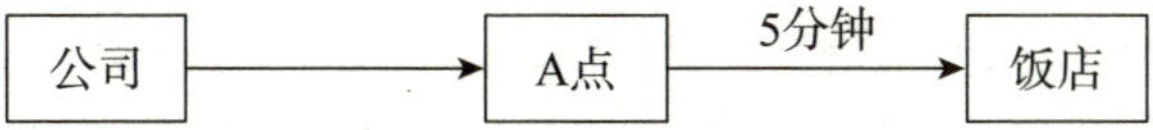

图 9

252. 三位外籍教授

【谜题】

某大学有三位优秀的外籍教授温德先生、邦尼特先生、艾博尔先生，他们深受学生的爱戴和同事的欢迎。这三位教授来自不同的地方，包括美国、德国和法国，在这所大学的历史系、文学系、数学系执教。

现在已知：

（1）温德先生不是美国人；

（2）邦尼特先生不是德国人；

（3）来自美国的教授不在数学系工作；

（4）来自德国的教授在历史系工作；

（5）邦尼特先生不在文学系工作。

请根据上述条件，列出每位教授的国籍和他们所在的院系。

【解析】

这道题可以用画图连线的办法来解答（如图10），在连线的时候，我们可以用实线来表示"是"的关系，用虚线来表示"不是"的关系，这样问题就会变得一目了然了。

根据连线后的结果，我们可以看出来自美国的教授只能在文学系工作，来自法国的教授只能在数学系工作。

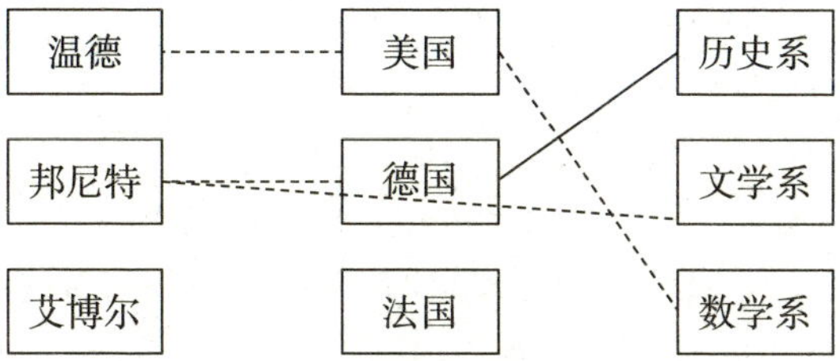

图 10

再根据条件（5），邦尼特先生不在文学系工作，说明他只能在历史系或数学系工作，也就是说他只能是德国人或法国人，但条件（2）表明邦尼特先生不是德国人，所以他只能是法国人。那么温德先生只能是美国人或德国人，但条件（1）表明温德先生不是美国人，所以他只能是德国人，而艾博尔先生才是美国人。

因此每位教授的国籍和他们所在的院系如下图（图 11）所示：

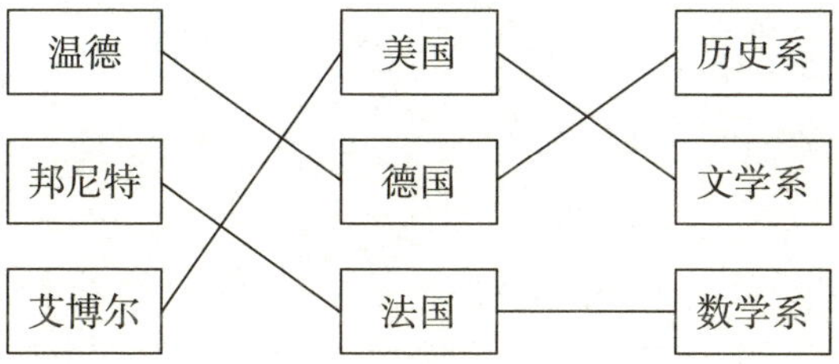

图 11

253. 晚自习安排

【谜题】

一所高中的教导主任正在为高三年级安排新学期的课程表，

甲、乙、丙、丁、戊五位老师从星期一到星期五分别有不同的晚自习安排。为了各位老师方便，教导主任特意打电话去问了他们每个人的意见。

甲老师说："把乙老师的晚自习安排在星期一，我在星期三。"

乙老师说："把丙老师的晚自习安排在星期一，丁老师在星期四。"

丙老师说："把甲老师的晚自习安排在星期二，戊老师在星期五。"

丁老师说："把丙老师的晚自习安排在星期三，乙老师在星期四。"

戊老师说："把丁老师的晚自习安排在星期二，我在星期三。"

教导主任考虑了老师们的意见，对晚自习安排进行了调整。不过等老师们拿到课程表后，才发现他们每个人的意见只满足了一条。

那么，你知道教导主任是怎么安排晚自习日程的吗？

【解析】

根据题意，我们可以画出晚自习日程表的示意图，再把各位老师的意见填入其中：

	星期一	星期二	星期三	星期四	星期五
甲	乙		甲		
乙	丙			丁	
丙		甲			戊

续表

	星期一	星期二	星期三	星期四	星期五
丁			丙	乙	
戊		丁	戊		

从表格中可以发现，星期五的安排只有戊一个人，由于从星期一到星期五每天都要有老师上晚自习，所以可以确定星期五上晚自习的就是戊老师。又因为每位老师提出的两条意见只有一条被满足，所以丙老师所说的意见“把甲老师的晚自习安排在星期二”没有被满足，那么甲肯定不在星期二上自习。

表格中与甲有关的安排只剩下星期三，所以可以确定甲在星期三上晚自习。依此类推，乙肯定不在星期一，只能在星期四；丙不在星期三，只能在星期一；丁不在星期四，只能在星期二。

因此，教导主任安排的晚自习日程如下表所示：

星期一	星期二	星期三	星期四	星期五
丙	丁	甲	乙	戊

254. 专业技能测试成绩

【谜题】

某公司对自己的员工进行了一次专业技能测试。测试共分三个环节，每个环节分别评定 A、B、C 三个等级。客服部门的张倩、朱玉、蒋梦洁、冯伟参加了这次测试，他们最终取得的成绩满足以下这些条件：

（1）四人中有一人三个环节都取得了 A 级评定；

（2）四人中有一人三个环节的成绩分别是 A、B、C 级；

（3）四人中有两人在两个环节都取得了 A 级评定；

（4）第一环节中没有人取得 B 级评定；

（5）蒋梦洁和冯伟在第一环节中的成绩相同；

（6）张倩在第一环节获得了 C 级评定，在第二环节的成绩与冯伟在第三环节的成绩相同，第三环节与朱玉的第一环节成绩相同；

（7）朱玉在第三环节获得了 B 级评定，在某个环节中获得了 C 级评定；

（8）蒋梦洁在第二环节获得了 A 级评定，在第三环节的成绩与朱玉在第二环节的成绩相同；

（9）冯伟在第二环节获得了 A 级评定，在某个环节获得了 B 级评定。

根据以上这些条件，你能够推出他们每个人在每个环节取得的成绩吗？

【解析】

根据题干，可以画出如下表格，再将一些相关信息填入空格中：

	第一环节	第二环节	第三环节
张倩	C		
朱玉			B
蒋梦洁		A	
冯伟		A	

根据表格进行推理，由于朱玉、张倩都有一个环节的评定不是A级，所以三个环节都为A级评定的肯定不是朱玉或张倩。又因为条件（9）中冯伟有一个环节得到了B级评定，所以冯伟也不是全部A级。

因此，只有蒋梦洁在三个环节中都取得了A级评定，那么根据条件（5），冯伟在第一环节也是获得A级评定，根据条件（9），冯伟在第三环节获得了B级评定；根据条件（6），张倩在第二环节获得的也是B级评定；根据条件（8），朱玉的第二环节成绩为A级评定；根据条件（7），朱玉在某个环节获得了C级评定，则这个环节就是第一环节；同时张倩的第三环节也是获得C级评定。

综上所述，本题的正确答案如下表所示：

	第一环节	第二环节	第三环节
张倩	C	B	C
朱玉	C	A	B
蒋梦洁	A	A	A
冯伟	A	A	B

255. 夫妻羽毛球赛

【谜题】

徐志强、林立伟、王峰三人都是体育迷，恰好他们的妻子钱雯、肖玉、孟婷婷也都很喜欢参加体育活动。一天，他们三家人相约在体育馆进行了一次羽毛球混合双打比赛。不过为了公平起见，每家的丈夫和妻子不能一起上场。

于是在第一轮比赛中，徐志强与钱雯对战王峰和肖玉；第二轮比赛中，王峰和孟婷婷对战徐志强和林立伟的妻子。

根据上面这些描述，你能够推出徐志强、林立伟、王峰三人的妻子分别是谁吗？

【解析】

对于这道题目，我们可以通过列表法来解决。

	钱雯	肖玉	孟婷婷
徐志强			
林立伟			
王峰			

因为夫妻二人不能同时上场，所以徐志强的妻子不是钱雯；王峰的妻子不是肖玉，也不是孟婷婷，那就只能是钱雯；林立伟的妻子也不是孟婷婷。

我们可以将推理出的结果逐一填入表格，就可以比较容易地获得如下结果：

	钱雯	肖玉	孟婷婷
徐志强	否	否	是
林立伟	否	是	否
王峰	是	否	否

因此，本题的正确答案为徐志强的妻子是孟婷婷，林立伟的妻子是肖玉，王峰的妻子是钱雯。

256. 愉快的星期日

【谜题】

星期日这一天，李雨桐一家人都在家中愉快地休息。他们中有一个人在上网聊天，一个人在看电视剧，一个人在玩手机，一个人在看书。

现在已知：

（1）李雨桐的爸爸既没有在上网聊天，也没有在看书；

（2）李雨桐的妈妈既没有在玩手机，也没有在上网聊天；

（3）李雨桐既没有在看书，也没有在上网聊天；

（4）李雨桐的弟弟既没有在看书，也没有在玩手机；

（5）如果李雨桐的爸爸没有在玩手机，那么李雨桐的弟弟也没有上网聊天。

根据上述条件，你能够分析出李雨桐一家人都在做什么吗？

【解析】

这道题可以用排除法来解答，但要是使用图表法，解题思路会更加清晰。我们可以根据题干，画出如下的表格：

	爸爸	妈妈	李雨桐	弟弟
上网聊天	否	否	否	
看电视剧				
玩手机		否		否
看书	否		否	否

从图表中我们就可以看出，弟弟在上网聊天，妈妈在看书。又因为条件（5）规定爸爸没有玩手机的话，弟弟就没有在上网聊天，可是现在弟弟在上网聊天，所以爸爸就在玩手机。那么剩下李雨桐就只能在看电视剧了。因此一家人的活动情况如下表所示：

	爸爸	妈妈	李雨桐	弟弟
上网聊天	否	否	否	是
看电视剧	否	否	是	否
玩手机	是	否	否	否
看书	否	是	否	否

257. 车厢里有多少人

【谜题】

在一节火车车厢里，坐着来自天南海北的旅客。为了打发时间，他们攀谈起来，了解到车厢里有一个是河北人，两个是北方人，还有一个是云南人。另外，车厢中有两个人是大学生，有三个人是上班族。根据这些条件，你能判断出这节车厢中最少有几个人，最多有几个人吗？

【解析】

题目中涉及河北人（1人）、北方人（2人）、云南人（1人）、大学生（2人）、上班族（3人）。其中河北人显然是包含在北方人内的，而北方人和云南人则互不包含，同样，上班族和大学生也是互不包含的。

为此，我们可以画出简单的示意图如下（如图 12）：

车厢里人数最多的情况是 2+1+2+3=8（人），即大学生和上班族都不是北方人或云南人的情况；车厢里人数最少的情况是 2+3=5（人），即两个北方人完全包含于大学生或上班族中，1 个云南人也可以包含于大学生或上班族中，但是要注意大学生和上班族不能重合。

因此，本题的答案是最多 8 人，最少 5 人。

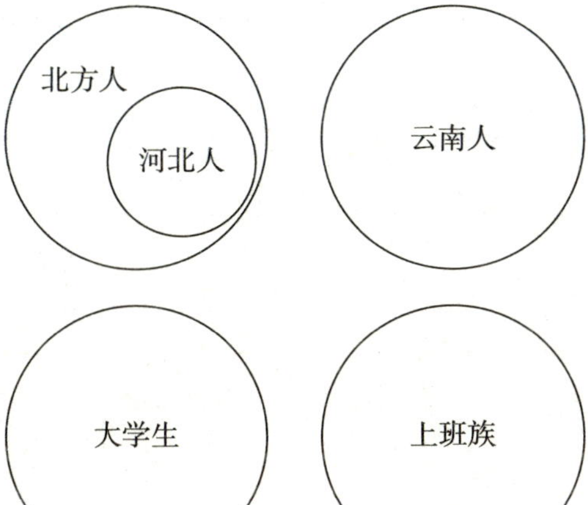

图 12

258. 如何安排座位

【谜题】

某部门的六个员工因为工作上的问题发生了争执，吵得不可开交。晚上单位聚餐的时候他们几个还要围坐在一张圆桌上，这让他们感到很不舒服。但是组织聚餐的小郑说实在找不出空座位了，让他们将就一下。几个员工只好同意，但也提出了一点要求。

员工甲说："只要别让我和乙、己挨着，我就能够勉强接受。"

员工乙说："只要别让我和甲、丙挨着，我就能够勉强接受。"

员工丙说："只要别让我和乙、丁挨着，我就能够勉强接受。"

员工丁说："只要别让我和丙、戊挨着，我就能够勉强接受。"

员工戊说："只要别让我和丁、己挨着，我就能够勉强接受。"

员工己说："只要别让我和戊、甲挨着，我就能够勉强接受。"

小郑听完了他们的要求后，想了想，快速地调整了座位，这下六个员工都觉得可以勉强接受，就不再提出"抗议"了。

那么，你知道小郑是如何安排这六人的座位的吗？

【解析】

如果将甲、乙、丙、丁、戊、己当作这几个员工的序号的话，这几个员工都不想和相邻序号的员工挨在一起。那么我们可以通过画图的方式来帮助思考，这样思维能够得到视觉化，也就更容易找到正确的答案了。

比如，我们可以画出如下的简单示意图（如图 13），然后将甲、乙、丙、丁、戊、己这六个序号分别填进小圆圈中，并且使他们能够满足题干的条件，这样就会得到如下的安排法（并不唯一，只要满足条件即可）：

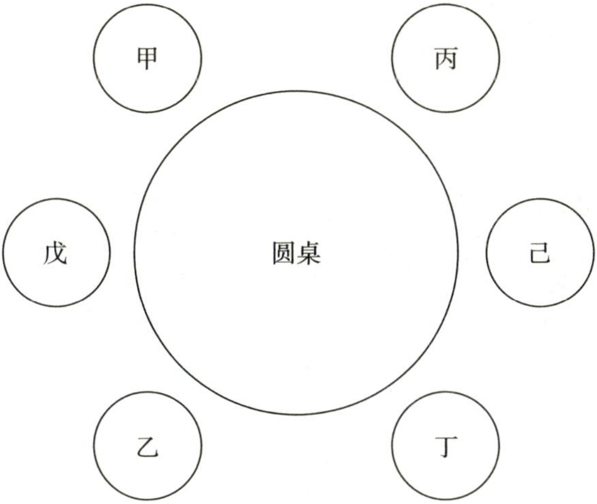

图 13

259. 六边形餐桌

【谜题】

某公司的一位领导举办生日宴，赵、钱、孙、李、周、吴六人是一个部门的同事，他们一起参加了宴会，被分配到一张六边形的餐桌上。

现在已知：

（1）赵坐在钱右手边隔一个空位的位置，两人的位置如下图所示（如图14）；

（2）孙坐在李的正对面；

（3）周坐在吴左手边隔个空位的位置。

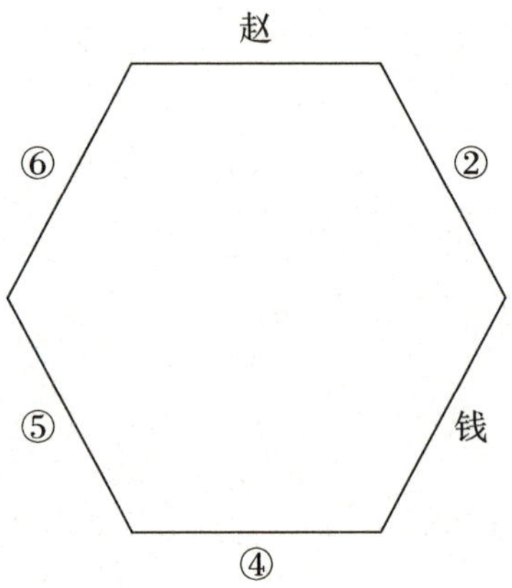

图14

如果吴没有坐在李的旁边，那么赵的两边坐的是谁呢？

【解析】

这道题通过画图观察是很容易得到答案的。由于条件（2）要求孙和李相对，而相对的位置只有可能是②和⑤两个位置。如果⑤是孙的位置，则②是李的位置。又因为条件（3）要求周在吴左手边，且隔个空位，那么周肯定在⑥的位置，吴肯定在④的位置。所以六个人的位置如下图所示。

我们也可以考虑②是孙的情况，那么⑤就是李的位置，这样的话吴就会坐在李的旁边，这与题干矛盾，所以不存在这种情况。

因此，赵的两边坐的是周和李（如图 15 所示）。

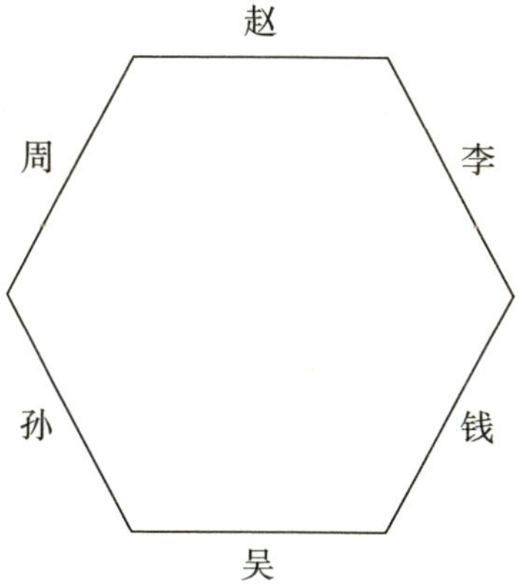

图 15

260. 艺术花坛

【谜题】

艺术家李卫东正在布置一个花坛作品，他的构思包括这几个要点：

（1）花坛必须是正方形的；

（2）花坛内要用篱笆隔开，成为四个小花坛，小花坛也是正方形的；

（3）每个花坛中需要种植偶数棵向日葵，再加上一棵大丽菊。

你能帮李卫东完成这个艺术花坛的设计吗？

【解析】

这道题用画图的方法是比较容易找到答案的，我们可以多尝试几次，就可以发现层层嵌套的方法最能够满足艺术家的要求，具体示意图如下（如图 16）：

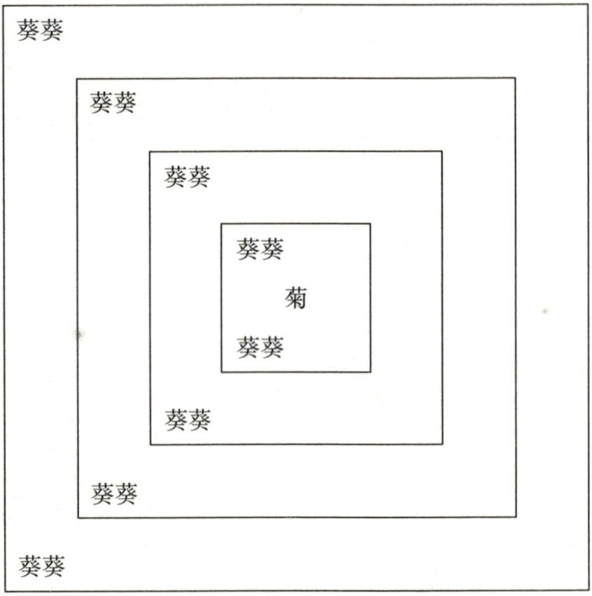

图 16

如图所示，由小到大的四个花坛都是正方形的，且每个花坛中都有一棵大丽菊和偶数棵向日葵。

261. 面粉消耗量

【谜题】

沈晓曦开了一家蛋糕房，因为使用的材料新鲜，做出的蛋糕口感好，赢得了很多回头客。最近店里每天消耗的原料不断增加，特别是低筋面粉和高筋面粉更是用量激增。

现在已知：

（1）从星期一到星期四，每天都比前一天多消耗 1 袋面粉；

（2）星期一消耗了 3 袋低筋面粉，星期二消耗了 1 袋低筋面粉，星期四消耗了 5 袋高筋面粉；

（3）每天消耗的低筋面粉在 1 袋到 4 袋之间，数量各不相同；

（4）每天消耗的高筋面粉在 1 袋到 5 袋之间，数量各不相同。

根据上述条件，你能够推算出沈晓曦的蛋糕房从星期一到星期四每天的面粉消耗情况吗？

【解析】

根据题干，我们可以画出表格，并将已知的数据填入空格中：

	低筋面粉	高筋面粉
星期一	3 袋	
星期二	1 袋	
星期三		
星期四		5 袋

根据条件（3），低筋面粉每天消耗 1~4 袋，且数量不相同，那么从表格中容易看出星期三和星期四消耗的低筋面粉不是 2 袋就是 4 袋。

假设星期四消耗的低筋面粉是 4 袋，那么星期四消耗的面粉总量是 4+5=9（袋）；星期三消耗的低筋面粉是 2 袋，根据条件（1），星期三消耗的面粉总量应当是 9–1=8（袋），而星期三消耗的高筋面粉就应该是 6 袋。但是根据条件（4），高筋面粉的数量只能在 1

袋、2袋、3袋、4袋中选择，所以假设不成立。

因此星期四消耗的低筋面粉应当是2袋，那么星期四消耗的面粉总量是2+5=7（袋）；星期三消耗的面粉总量是7–1=6（袋），而星期三消耗的低筋面粉是4袋，所以星期三消耗的高筋面粉是6–4=2（袋）。

继续推理可知星期二消耗的面粉总量为6–1=5（袋），星期二消耗的高筋面粉数量为5–1=4（袋）；星期一消耗的面粉总量为5–1=4（袋），星期一消耗的高筋面粉数量为4–3=1（袋）。

因此，蛋糕房从星期一到星期四的面粉消耗情况如下表所示：

	低筋面粉	高筋面粉
星期一	3袋	1袋
星期二	1袋	4袋
星期三	4袋	2袋
星期四	2袋	5袋

262. 交换藏书

【谜题】

甲、乙、丙、丁四人是关系很好的朋友，他们也都热爱读书，每人都收藏了一些在市场上比较罕见的书籍。

有一天，甲提议大家互相交换藏书阅读，其他几个朋友都欣然同意。于是当天甲就将自己的4本藏书交给了乙，而乙、丙、丁也做了同样的事情。这样他们每人都拿出了一些藏书，也得到了别人的藏书，最终他们每人手中的藏书数量为5~8本，且甲<乙<丙<丁。

现在已知：

（1）四人最初收藏的书籍数量为5~8本，每人拥有的数量不同；

（2）每人拿出的书籍的数量各不相同，为1~4本；

（3）甲最初收藏的书籍为7本；

（4）乙给了丁3本书；

（5）丙得到的书有1本；

（6）丁最初拥有的书籍有6本。

根据这些条件，你能够推出他们每人最初拥有多少本藏书吗？在交换藏书后，他们每人又拥有多少本藏书呢？

【解析】

根据题干，我们可以画出如下的表格，并将一些信息填入空格中。其中由于每人最终拥有的藏书为5本、6本、7本、8本，且甲<乙<丙<丁，可知甲最终藏书为5本，乙为6本，丙为7本，丁为8本。

根据表格进行推理，可知甲得到的藏书为2本，而甲、乙、丙、丁四人拿出的藏书、得到的藏书数量为1~4本，所以乙得到藏书4本。那么乙最初拥有的藏书为5本。

又因为四人最初拥有的藏书数量在5~8本，所以丙最初拥有藏书8本，拿出的藏书为2本，而丁拿出的藏书为1本。

从表格中可以看到，丙拿出2本，而甲得到2本，所以丙的送出对象是甲；丁拿出1本，丙得到1本，所以丁的送出对象是丙。

因此本题的正确答案如下表所示：

	最初拥有藏书数量	交换对象	拿出数量	得到数量	最后拥有藏书数量
甲	7本	乙	4本		5本
乙		丁	3本		6本
丙				1本	7本
丁	6本			3本	8本

	最初拥有藏书数量	送出对象	拿出数量	得到数量	最后拥有藏书数量
甲	7本	乙	4本	2本	5本
乙	5本	丁	3本	4本	6本
丙	8本	甲	2本	1本	7本
丁	6本	丙	1本	3本	8本

263. 购买服装

【谜题】

四个女孩刘梦洁、谢小芬、张琼、高蕾一起去逛街，她们年龄各不相同，有21岁、22岁、23岁、24岁。半路上，她们分开进入了四家服装店A、B、C、D。在这几家服装店，她们每人都买到了1件、2件或3件衣服。

现在已知：

（1）张琼的年龄是21岁；

（2）谢小芬在A店买到了心仪的衣服；

（3）24岁的女孩购买的衣服比去A店的女孩购买的衣服少1件；

（4）22岁的女孩购买的衣服比去B店的女孩购买的衣服少一件；

（5）刘梦洁和去C店的女孩中，有一人购买的衣服是2件；

（6）去D店的女孩购买的衣服比高蕾购买的衣服少2件。

根据这些条件，你能够推出这几个女孩各是多少岁，以及她们各买了几件衣服吗？

【解析】

根据题干，我们可以画出如下的表格，并将推出的信息逐一填入表格中。根据条件（3），去A店的女孩不是24岁；根据条件（4），去B店的女孩不是22岁；根据条件（5），去C店的女孩不是刘梦洁；根据条件（6），去D店的女孩不是高蕾，并且由于衣服件数最多为3件，最少为1件，而D店女孩购买的衣服又比高蕾少2件，所以只能是D店女孩购买了1件衣服，高蕾购买了3件衣服。

	年龄（岁）	服装店	服装数量（件）
刘梦洁			
谢小芬		A	
张琼	21		
高蕾			3

假设刘梦洁去的是B店，那么高蕾只能去C店，张琼只能去

D店，又因为高蕾购买了3件衣服，根据条件（5），刘梦洁只能购买2件衣服，但是条件（4）中22岁女孩购买的衣服比刘梦洁少1件，即只购买了1件，那么只能是谢小芬去A店，她22岁，购买1件衣服。然而条件（3）中24岁的女孩还要比A店女孩少一件，即购买0件，这显然是不可能的，所以刘梦洁去的不是B店。

假设刘梦洁去的是D店，那么高蕾只能去B店，张琼只能去C店，刘梦洁购买的衣服为1件，张琼购买的衣服为2件。根据条件（4），比B店女孩少买1件的只能是谢小芬，她购买的衣服为2件，年龄为22岁。根据条件（3），比谢小芬少买1件衣服的是刘梦洁，她的年龄为24岁，那么高蕾的年龄只能为23岁。最终本题的正确答案如下表所示：

	年龄（岁）	服装店	服装数量（件）
刘梦洁	24	D	1
谢小芬	22	A	2
张琼	21	C	2
高蕾	23	B	3

264. 排队购买火车票

【谜题】

在火车站售票大厅里，有四个人正在排队，准备购买星期三、星期四、星期五、星期六去上海、武汉、西安、广州的火车票，但不知道谁买的是哪一天去哪里的票。

现在已知：

（1）要买星期六去武汉的火车票的那个人排在魏铭后面；

（2）苏奇志就排在买去西安的火车票的那个人前面（两人紧挨着），那张去西安的火车票不是星期四出发；

（3）范长安排在四个人中的第三个位置，他买的火车票的出发日期比去上海的那张票早（日期紧挨着）；

（4）何一池买的是星期五出发的票。

根据以上条件，你能够推出他们每个人分别购买的是哪一天去哪里的火车票吗？

【解析】

我们可以用画表格的办法来帮助思考，根据题干，我们可以画出如下的表格，并将从题干中获得的一些信息填入表格中：

比如，根据条件（1）可知，魏铭不去武汉，也不是星期六出发；根据条件（2）可知，苏奇志不去西安；根据条件（3）可知，范长安不去上海。

	星期三	星期四	星期五	星期六
范长安				
苏奇志				
魏铭				否
何一池			是	

另外，这四个人本身还有位置顺序，可以画出简单的示意图（如图 17）帮助思考。其中范长安在第三位，而苏奇志要与某人紧

挨着且排在前面，所以他只能排在第一位或第二位。又因为魏铭之后还有人排队，所以魏铭只能排在第一位，苏奇志只能排在第二位，那么何一池只能排在第四位。

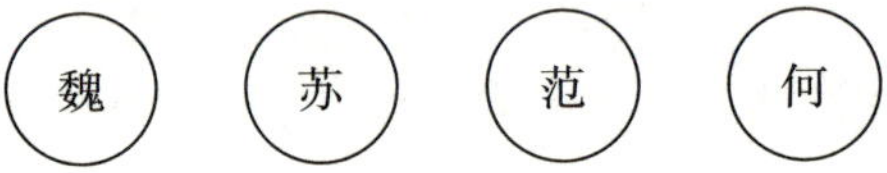

图 17

我们可以将位置顺序代入题干中继续推理，就能发现买星期六去武汉火车票的人是苏奇志；买去西安火车票的人是范长安；又因为何一池买了星期五的票，苏奇志买了星期六的票，且去西安的票不是星期四出发，那么只能是星期三出发。所以魏铭就只能星期四出发了，而星期四与星期三紧挨着，那么魏铭就买了去上海的票。所以何一池就只能买去广州的票了。

综上所述，四个人的车票日期和目的地分别为范长安星期三去西安、苏奇志星期六去武汉、魏铭星期四去上海、何一池星期五去广州。

265. 判断题的答案

【谜题】

陈明、秦月、汤冰三人参加了一个常识测试，测试题由 7 道判断题组成，答案只有“对”“错”之分。每道题得分为 1 分，他们三人最终每人得到了 5 分。

陈明的回答情况是问题 3、7 选“对”，其他都选“错”。

秦月的回答情况是问题 1、6 选“对”，其他都选“错”。

汤冰的回答情况是只有问题 5 选“错”，其他都选“对”。

根据他们的答题和得分情况，你能够推出这 7 道判断题的正确答案是什么吗？

【解析】

我们可以根据题干将三人答题情况画成表格：

	问题 1	问题 2	问题 3	问题 4	问题 5	问题 6	问题 7
陈明	错	错	对	错	错	错	对
秦月	对	错	错	错	错	对	错
汤冰	对	对	对	对	错	对	对

因为每道题得分为 1 分，而三人每人得到了 5 分，所以每人都答对了 5 道题。而对任意两人来说，至少要答对相同的 3 道题。根据表格容易看到，陈明和秦月答案相同的题目有问题 2、问题 4、问题 5；秦月和汤冰答案相同的题目有问题 1、问题 5、问题 6，陈明和汤冰答案相同的题目有问题 3、问题 5、问题 7。因此这 7 道判断题的正确答案如下表所示：

问题 1	问题 2	问题 3	问题 4	问题 5	问题 6	问题 7
对	错	对	错	错	对	对

266. 三位支教老师的课程

【谜题】

高大山、郭淑慧、胡宏宇是三个热爱支教事业的青年，他们放弃大城市优越的工作条件，来到偏远山区，在一所条件简陋的中学当起了义务教员。

由于当地师资力量薄弱，三个青年每人都要兼任两门课程的教员。他们教授的课程包括语文、数学、英语、历史、物理、化学这几门，每人教授的课程各不相同。

现在已知：

（1）语文老师和英语老师住在同一位老乡的家里；

（2）语文老师和胡宏宇在业余时间经常教学生们唱歌；

（3）高大山是三人中最年轻的；

（4）数学老师比历史老师年长，但又比郭淑慧年轻；

（5）三人中最年长的老师独自租了一所民居住。

根据这些条件，你能够推出他们三人各自教授哪两门课程吗？

【解析】

根据题干，我们可以画出表格帮助思考。根据已知条件，可以推出胡宏宇不是语文老师，郭淑慧不是数学老师，也不是历史老师，我们可以将这些一一填入表格。

	语文	数学	英语	历史	物理	化学
高大山						
郭淑慧		否		否		
胡宏宇	否					

再根据条件（3）、条件（4），高大山最年轻，而数学老师年龄居中，郭淑慧最年长，所以数学老师是胡宏宇，历史老师是高大山。

条件（5）说明郭淑慧是一个人住的，那么条件（1）中住在一起的语文老师和英语老师就是高大山和胡宏宇，已知胡宏宇不是语文老师，那么高大山就是语文老师，胡宏宇就是英语老师。

这样一来，高大山和胡宏宇各自确定了两名课程，剩下的两门课程物理和化学只能是郭淑慧所教，所以本题的答案如下表所示：

	语文	数学	英语	历史	物理	化学
高大山	是	否	否	是	否	否
郭淑慧	否	否	否	否	是	是
胡宏宇	否	是	是	否	否	否

267. 工作时间安排

【谜题】

有三个大四学生甲、乙、丙获得了在某公司实习的机会，对于实习员工，这家公司会有一些特殊的工作安排，所以他们每个人上班、休息的时间是不一样的。

现在已知：

（1）一个星期中，只有一天是甲、乙、丙一起上班的；

（2）一个星期中，甲、乙、丙三人没有谁会连续上班三天；

（3）一个星期中，甲、乙、丙三人中任意两人在同一天休假的情况不会超过 1 次；

（4）甲在星期二、星期四、星期日休息；

（5）乙在星期四、星期六休息；

（6）丙在星期日休息。

根据上述条件，你能够推出甲、乙、丙三人会在星期几同时上班吗？

【解析】

根据题干，可以列出图表：

	星期一	星期二	星期三	星期四	星期五	星期六	星期日
甲		休息		休息			休息
乙				休息		休息	
丙							休息

根据条件（3），任意两人都休息的情况不会超过 1 次，而星期四甲、乙休息，星期日甲、丙休息，可见星期四丙工作，星期日乙工作，而在星期二乙和丙也都要工作。

又因为三人每个人都不能连续工作三天，可见乙在星期一需要休息，丙在星期三需要休息。由此可见，从星期一到星期三，除了星期五以外，每天都有至少一人需要休息（如下表所示），但条件

（1）规定有一天三人需要一起上班，那这天就一定是星期五。所以本题的正确答案就是星期五。

	星期一	星期二	星期三	星期四	星期五	星期六	星期天
甲		休息		休息	工作		休息
乙	休息	工作		休息	工作	休息	工作
丙		工作	休息	工作	工作		休息

268. 舞蹈训练

【谜题】

一家舞蹈团正在排练一出芭蕾舞剧。这出舞剧共有七名演员甲、乙、丙、丁、戊、己、庚参演，她们穿着白色或黑色的芭蕾舞裙。这天，七名演员依次来到剧场，已知：

（1）相继来到剧场的演员，她们身穿的芭蕾舞裙颜色不同；

（2）演员己在演员乙和丁之前到达剧场；

（3）在演员己之前到达剧场的演员中，有两位身穿白色芭蕾舞裙；

（4）演员甲是第六个到达剧场的；

（5）演员庚在演员丙之前到达剧场，且两人相继到达；

（6）演员丁不是最后一个到达的；

（7）演员戊不是第一个到达的。

如果这些演员没有同时到达剧场的，你能够猜到她们每人都穿着什么颜色的芭蕾舞裙吗？

【解析】

根据题干，我们可以列出表格如下：

1	2	3	4	5	6	7
					甲	

根据条件（2）、条件（3），可知演员己之前至少要有两个演员，之后要有除了甲以外的两个演员，所以己可能是3号或4号，但条件（1）规定颜色必须有间隔，所以要保证演员己之前的两位演员穿白色芭蕾舞裙，己就只能是4号，在己之前的1号和3号演员应当穿白色舞裙。由于舞裙颜色有间隔，所以可以推出其他演员所穿的舞裙颜色。

1	2	3	4	5	6	7
			己		甲	
白	黑	白	黑	白	黑	白

乙和丁分别是5号或7号，而条件（6）指出丁不是7号，那么丁就是5号，乙就是7号。

剩下的三名演员，由于庚、丙是相继到达，戊不是第一个到达，所以她们的顺序组合只能是庚、丙、戊。因此演员与芭蕾舞裙颜色的对应关系如下表：

1	2	3	4	5	6	7
庚	丙	戊	己	丁	甲	乙
白	黑	白	黑	白	黑	白

269. 卡片上的汉字

【谜题】

一天，几个好朋友在一起聚会。他们都很喜欢做逻辑谜题，其中一人拿出了四张卡片，在上面龙飞凤舞地写起字来。写好后，大家围过来看，发现每张卡片上各写了一个汉字，分别是“逻”“辑”“思”“维”。接下来，写卡片的人随意选出了四张卡片中的三张，把它们扣在桌面上，让甲、乙、丙三位朋友来猜卡片上写的是什么字。

以下是三人猜测的结果：

（1）甲猜第一张卡片是“辑”，第二张是“逻”，第三张是“维”；

（2）乙猜第一张卡片是“辑”，第二张是“思”，第三张是“维”；

（3）丙猜第一张卡片是“思”，第二张是“逻”，第三张是“辑”。

等三人都猜完后，写卡片的人将所有的卡片翻过来，这下甲、乙、丙才知道每张卡片上的字至少有一人猜中，但是有一个人一次都没有猜中，有两个人分别猜中了两次和三次。

根据上述信息，你知道这三张卡片上各是什么字吗？

【解析】

根据题设我们可以画出以下表格帮助思考：

	第一张	第二张	第三张
甲	辑	逻	维
乙	辑	思	维
丙	思	逻	辑

由于题设规定有一人全部答对，我们可以先假设这个人是甲，那么根据表格可知乙答对两次，丙答对一次，但这与题设矛盾，所以假设不成立。同样，如果全答对的人是丙，则可以推出甲答对一次，乙答对零次，也与题设矛盾。

再假设乙全部答对，根据表格可知甲答对两次，丙一次都没有答对，这与题设是吻合的，所以全部答对的人就是乙。那么三张卡片上的字就是乙的答案：第一张是“辑”，第二张是“思”，第三张是“维”。

270. 四个办事员

【谜题】

赵、钱、孙、李都是某单位的办事员，他们准备到甲、乙、丙、丁这四个单位去办事。

现在已知：

（1）甲单位星期一不接待；

（2）乙单位星期三不接待；

（3）丙单位星期四不接待；

（4）丁单位星期一、星期三、星期五都不接待；

（5）这几个单位星期日都要休息。

这天，四个办事员讨论起了日程安排的问题：

赵说："你们可得把对方单位的接待时间搞清楚，我前天就白去了一趟，人家不接待。"

钱说："没错，我今天就得赶紧去一趟，要不明天就得吃'闭门羹'。"

孙说："我今天可不能去，今天人家正好休息。"

李说："我比你们好一点，我从今天起，有四天时间可以选择，随便哪天去对方都接待。"

根据他们的对话，你能够猜出今天是星期几吗？赵、钱、孙、李四人分别要去哪个单位呢？

【解析】

根据题设条件，我们可以画出表格，记录四个单位的不接待时间：

	星期一	星期二	星期三	星期四	星期五	星期六	星期日
甲	否						否
乙			否				否
丙				否			否
丁	否		否		否		否

根据表格，我们可以很容易地看出只有甲单位才有可能提供连

续四天的接待服务，而且只能在今天是星期二或星期三的前提下，才有四天可供选择。因此李去的是甲单位，今天是星期二或星期三。

假设今天是星期二，从表格中可以看到每个单位都是接待的，但这和孙说的“今天不能去”发生了矛盾，所以今天肯定不是星期二。

那么今天就是星期三，乙单位今天是不接待的，所以孙去的就是乙单位；丙单位是今天接待而明天不接待的，所以钱去的是丙单位。

赵去的就是丁单位，由于丁单位在“前天”即星期一是不接待的，所以赵白去了一趟，与题设吻合。

因此，本题的正确答案为今天是星期三，且赵去的是丁单位，钱去的是丙单位，孙去的是乙单位，李去的是甲单位。

271. 轿车品牌之谜

【谜题】

甲、乙、丙三人都是汽车爱好者，平时对汽车也有些研究。一天他们在路边看到了一辆轿车，甲说：“这不是宝马 X6，也不是本田歌诗图。”乙说：“这不是宝马 X6，而是奔驰 GLC。”丙说：“这不是奔驰 GLC，而是宝马 X6。”

正在这时，车子的主人走了过来，笑着对他们说：“这几款车型确实有相似之处，我听了你们的判断，只能说你们中有一个人两项判断都正确，另一个人两项判断都错误，还有一个人的两项判断一对一错。”

根据车主的话，你能判断出这款轿车的品牌到底是什么吗？

【解析】

根据题意，我们可以将甲、乙、丙三人的判断整理后，列为下表：

	宝马 X6	本田歌诗图	奔驰 GLC
甲	错	错	
乙	错		对
丙	对		错

根据图表，我们可以发现乙和丙的判断是互相矛盾的，再结合车主人所说的“有一个人的两个判断都对，另一个的两个判断都错，第三个人的两个判断一对一错”可以知道：乙和丙两人中，必然有一个人两项判断都对，另一人两项判断都错，因此甲毫无疑问就是两项判断一对一错的那个人。

接下来再用假设法来进一步分析，假设甲的第一项判断正确，第二项判断错误——这辆车就应当是本田歌诗图；那么乙的两项判断就都是正确的，丙的两项判断都是错误的，可是据此推导出的车辆并不是本田歌诗图，出现了互相矛盾的结论。

再假设甲的第一项判断错误，第二项判断正确——这辆车应当是宝马 X6；那么乙的两项判断就都是错误的，丙的两项判断都是正确的，据此推导出的结论并不矛盾。

由此可见，这辆车就是宝马 X6。

272. 办公室里的资料柜

【谜题】

某校高三年级的老师办公室里有一只巨大的资料柜，这个资料柜包括10个一字排开的小柜子。其中1个柜子放上级颁发的文件等资料，2个柜子放着教研主任的资料，3个柜子放着几个班主任的资料，还有4个柜子放着各科老师的资料。

现在已知：

（1）1号和10号柜子放着班主任的资料；

（2）两个放教研主任资料的柜子要挨在一起；

（3）放各科老师资料的柜子与教研主任资料的柜子不相邻；

（4）放班主任资料的柜子和放上级文件的柜子不相邻。

如果4号柜子放着教研主任的资料，5号柜子放着上级文件，你能够推出每个柜子都放着什么资料吗？

【解析】

根据题干我们可以先画出如下示意表，以帮助思考：

1	2	3	4	5	6	7	8	9	10
班主任资料			教研主任资料	上级文件					班主任资料

由表格可知，空缺处需要填入1个教研主任资料、1个班主任资料和4个各科老师资料。

根据条件（2），两个放教研主任资料的柜子相邻，所以 3 号柜子只能放教研主任的资料。再根据条件（3），各科老师的资料不能与教研主任资料相邻，所以 2 号柜子不可能放各科老师资料，那么 2 号柜子只能放班主任资料。剩下的 4 个空缺只能填入 4 个各科老师资料。因此，每个柜子里装着的资料如下表：

1	2	3	4	5	6	7	8	9	10
班主任资料	班主任资料	教研主任资料	教研主任资料	上级文件	各科老师资料	各科老师资料	各科老师资料	各科老师资料	班主任资料

273. 员工宿舍安排

【谜题】

某公司为自己的员工提供单身宿舍。2018 年新入职的七名员工 A、B、C、D、E、F、G 分别入住宿舍楼的同一层，而且他们几人的宿舍正好紧挨着，宿舍号从左到右依次是 1~7 号。

现在已知：

（1）G 不住在 1 号宿舍，也不住在 7 号宿舍；

（2）A 住在 4 号宿舍；

（3）A 和 C 的宿舍紧挨着；

（4）F 住在 A 和 C 的右边，而且在 B 的左边。

如果 D 住在 A 的左边且和 A 紧挨着，你能够推出这七个人分别住在哪一间宿舍里吗？

【解析】

根据题干我们可以先画出如下示意表，以帮助思考：

1	2	3	4	5	6	7
		D	A			

根据条件（3），A 和 C 紧挨着，而 A 左边的 3 号宿舍已经被 D 占据，所以 C 只能住在 5 号宿舍。再根据条件（4），F 应该在 A、C 右边，但是右边只有两个空宿舍，而且 F 还要在 B 的左边，所以 F 只能住在 6 号宿舍，B 住在 7 号宿舍。

剩下的空宿舍只有 1 号和 2 号，因为条件（1）规定 G 不住 1 号宿舍，所以 G 住在 2 号宿舍。那么 1 号宿舍只能是 E 在住。因此，7 人与宿舍的对应情况如下表：

1	2	3	4	5	6	7
E	G	D	A	C	F	B

274. 联谊会的座位

【谜题】

有五名男青年张扬、柯俊、程为安、武涛、石林和五名女青年戴梦云、向小薇、姜悦、涂敏、金丽参加了一个联谊会。主办方特意为他们安排了男女相对的座位，五名男青年坐在 1~5 号座位，五名女青年坐在与男青年相对的 6~10 号座位。

现在已知：

（1）坐在正对1号座位的女青年旁边的是向小薇；

（2）向小薇与金丽之间隔着两个座位；

（3）戴梦云坐在张扬的对面；

（4）戴梦云与涂敏之间隔着两个座位；

（5）如果向小薇不坐在正中的话，姜悦就要坐在正中；

（6）柯俊坐在戴梦云旁边女生的对面；

（7）如果张扬不坐在正中的话，程为安肯定坐在正中；

（8）石林坐在武涛的旁边；

（9）武涛和张扬之间隔着两个座位；

（10）石林坐在金丽的对面；

（11）涂敏坐在正对程为安的女生的旁边。

根据上述条件，你能够推出他们各自坐在几号座位吗？

【解析】

这道题看似复杂，但实际上只要画出简单的图表后，就会轻松地找到答案。根据题意，我们可以画出如下表格，用来代替相对的十个座位：

1	2	3	4	5
6	7	8	9	10

根据条件（1），可知6号旁边的7号座位坐的是向小薇；根据条件（2），金丽坐在10号座位；根据条件（5），姜悦会坐在8号

座位；根据条件（10），石林会坐在5号座位；根据条件（8），武涛会坐在4号座位；根据条件（9），张扬会坐在1号座位；根据条件（3），戴梦云会坐在6号座位；根据条件（4），涂敏会坐在9号座位；根据条件（7），程为安会坐在3号座位；根据条件（9），柯俊会坐在2号座位。

将所有推出的信息填入表格，就会得到如下结果：

1	2	3	4	5
张扬	柯俊	程为安	武涛	石林
6	7	8	9	10
戴梦云	向小薇	姜悦	涂敏	金丽

275. 唐大伯的钟表

【谜题】

有一个住在偏远山村的唐大伯，家中只有一只又老又旧的钟表。唐大伯必须每天上发条，才能保证钟表正常运转，可是他年纪大了，经常会忘记做这件事，所以他的钟表常常停住，导致他无法掌握正确的时间。

有一天，唐大伯准备到镇上的集市去出售一些农产品。走的时候，唐大伯给钟表上了发条，看了一眼时间是上午8：20（这个时间显然是不准确的）。

唐大伯出发了，半路上，他经过了一家卖钟表的店铺，知道了正确的时间，还把它写在了纸上：上午10：00。等他在集市卖完了农产品，原路返回又经过这家店铺的时候，看到了正确的时间是下午 13：00。

回到家中的时候，唐大伯看到那只老钟表显示的时间是下午 14：20，他想了想，就把钟表调到了正确的时间。

那么，你知道唐大伯是如何校准钟表的吗？

【解析】

对于这道题目，我们可以借助画图法来帮助思考，唐大伯一天的行程示意图如下（如图 18）：

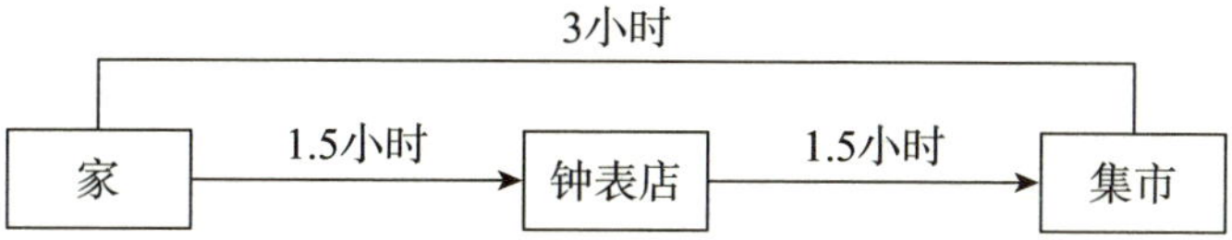

图 18

其中从家到集市往返总时间为 6 个小时（8：20~14：20），那么从家到集市的单程时间为 3 个小时。

又因为唐大伯第一次经过钟表店的时间为 10：00，第二次经过钟表店的时间为 13：00，也就是说从钟表店到集市的这段路程的往返总时间为 3 个小时（10：00~13：00），所以从钟表店到集市的单程时间为 1.5 个小时。

根据示意图，可见从家到钟表店的单程时间为 1.5 个小时。第一次经过钟表店时间为 10：00，所以出门的正确时间为 1.5 个小时（8：30~10：00），那么回家的正确时间为 14：30（在 8：30 的基础上加上6个小时），所以唐大伯只要将自己的老钟表拨快10分钟即可。

276. 运动员的姓名

【谜题】

某省体操队拥有五名优秀的队员甲、乙、丙、丁、戊，他们曾经在国际和国内众多赛事上取得优异成绩。

现在已知：

（1）运动员唐远的身高高于运动员戊；

（2）运动员丁和运动员刘杰和郝世文一起参加过全运会；

（3）体操队曾经安排过双人训练，运动员乙经常和运动员刘杰一起训练；运动员丁经常和运动员唐远一起训练；

（4）运动员沈安川和运动员唐远都曾和运动员甲一起出国训练过；

（5）运动员刘杰最近的训练成绩比运动员甲和戊都好；

（6）运动员白小飞和运动员沈安川曾经在比赛中负于运动员戊。

根据上述条件，你能够推出运动员甲、乙、丙、丁、戊各自的姓名吗？

【解析】

这道题的题干比较复杂，我们可以用画表格的方法解决，已知甲、乙、丙、丁、戊五人的姓名在唐远、刘杰、郝世文、沈安川、白小飞中。

我们可以列出表格如下：

运动员	甲	乙	丙	丁	戊
姓名	唐、刘、郝、沈、白	唐、刘、郝、沈、白	唐、刘、郝、沈、白	唐、刘、郝、沈、白	唐、刘、郝、沈、白

根据条件，我们可以注意去掉不对应的姓名，如根据条件（1）可以排除戊是唐远的情况，根据条件（2）排除丁是刘杰、郝世文的情况；根据条件（3）排除乙是刘杰和丁是唐远的情况；根据条件（4）排除甲是沈安川、唐远的情况；根据条件（5）排除甲和戊是刘杰的情况；根据条件（6）排除戊是白小飞和沈安川的情况，如此得到以下的表格：

运动员	甲	乙	丙	丁	戊
姓名	郝、白	唐、郝、沈、白	唐、刘、郝、沈、白	沈、白	郝

从表格中可以清楚地看到，戊是郝世文，那么甲、乙、丙同时排除郝世文，就能知道甲是白小飞。接着乙、丙、丁同时排除白小飞，就能得到丁是沈安川；乙、丙同时排除沈安川，就能得到乙是唐远，那么丁就是刘杰。就这样通过简单的做表格法我们就能快速推出几位运动员的姓名了。

运动员	甲	乙	丙	丁	戊
姓名	白	唐	刘	沈	郝

277. 找出对应的职业

【谜题】

刘铭、范文斌、孔朝辉、贾磊、孟非在上大学的时候是关系非常亲密的好朋友，毕业之后，他们走上了各自不同的人生道路，有人成为警察，有人成为程序员，有人成为消防员，有人成为作家，有人成为设计师。

已知条件如下：

（1）孔朝辉和贾磊都不是警察；

（2）刘铭和贾磊都不是作家；

（3）孔朝辉和孟非都不是设计师；

（4）范文斌、孔朝辉和程序员经常一起聚会；

（5）刘铭和孔朝辉有空的时候，就会去找警察、消防员玩儿，他们在一个片区工作；

（6）贾磊和孟非也会经常去拜访程序员，他们几个住得很近；

（7）设计师工作的地方距离程序员很远，他很少去和程序员见面。

根据上述这些条件，你能准确地判断出五人的职业各是什么吗？

【解析】

这道题的题干比较复杂，我们可以用画表格的方法解决，已知条件就会变得更加直观，解题的速度也会更快。

第一步，将所有人与所有职业列成对应的表格，为了简化思路，我们不妨用字母 A、B、C、D、E 来依次代替警察、程序员、消防员、作家、设计师这五种职业。

人名	刘铭	范文斌	孔朝辉	贾磊	孟非
职业	A、B、C、D、E	A、B、C、D、E	A、B、C、D、E	A、B、C、D、E	A、B、C、D、E

第二步，根据已知条件逐步筛选符合条件的职业，根据条件（1）、条件（2）、条件（3）得到以下的结果：

人名	刘铭	范文斌	孔朝辉	贾磊	孟非
职业	A、B、C、E	A、B、C、D、E	B、C、D	B、C、E	A、B、C、D

第三步，根据之后的条件继续筛选，如条件（4）暗示“范文斌、孔朝辉都不是程序员”，条件（5）暗示“刘铭、孔朝辉不是警察、消防员”，条件（6）暗示“贾磊和孟非不是程序员”，如此得到以下的结果：

人名	刘铭	范文斌	孔朝辉	贾磊	孟非
职业	B、E	A、C、D、E	D	C、E	A、C、D

根据条件（6）（7），贾磊经常拜访程序员，而设计师很少与程序员见面，所以贾磊不是设计师，那么贾磊就只能是消防员，又因为孔朝辉是作家，孟非就只能是警察了。如此依次排除，范文斌就是设计师，刘铭就是程序员。

人名	刘铭	范文斌	孔朝辉	贾磊	孟非
职业	B	E	D	C	A

278. 餐馆点菜

【谜题】

今天是贾晓阳的 24 岁生日，他请了五个好朋友 A、B、C、D、E，一起到餐馆开生日派对。这家餐馆为他们准备了一张长桌，每边可以坐三个人。贾晓阳决定让大家每人点一道菜，其中有道菜是腰果鸡丁，不过粗心的服务员忘记是谁点了这道菜，他只记得以下这些信息：

（1）A 坐在 B 的旁边；

（2）B 坐在与 D 相邻的男孩的对面；

（3）C 坐在贾晓阳对面，C 点了一道清蒸鲈鱼；

（4）坐在 D 对面的是个男生，他点了一道油焖大虾；

（5）坐在 C 和 E 之间的是个女生，她点了一道上汤时蔬；

（6）E 没有点菠萝咕咾肉；

（7）点了菠萝咕咾肉的是个女生，她坐在 C 的对面；

（8）坐在 B 对面的女生点了一道蒜泥小龙虾。

根据上述这些信息，你能推出是谁点了腰果鸡丁吗？

【解析】

题干提供的条件是一张长桌，每边可坐三个人，我们不妨画出如下示意图（如图 19）来帮助思考：

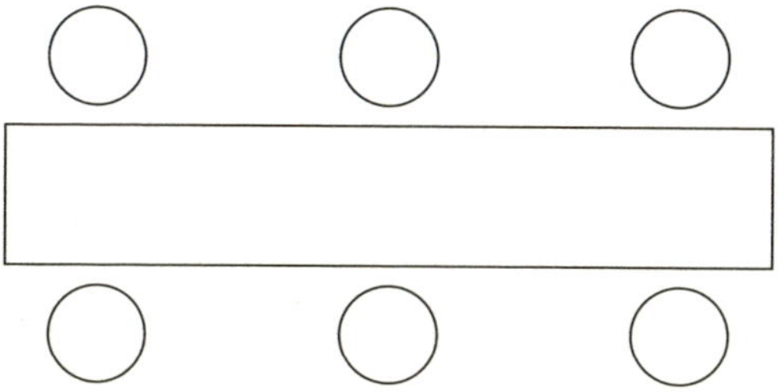

图 19

因为条件（5）规定女生必须坐在 C 和 E 之间，所以长桌的一边肯定会出现 C、女生、E 这样的安排。又由于条件（3）规定贾晓阳坐在 C 的对面，而条件（1）规定 A 和 B 需要挨着，所以他们只能坐在长桌的另一边，即出现贾晓阳、A、B 这样的安排。由此可见，女孩就是 D。我们可以将信息填入图中，得到下图（如图 20）：

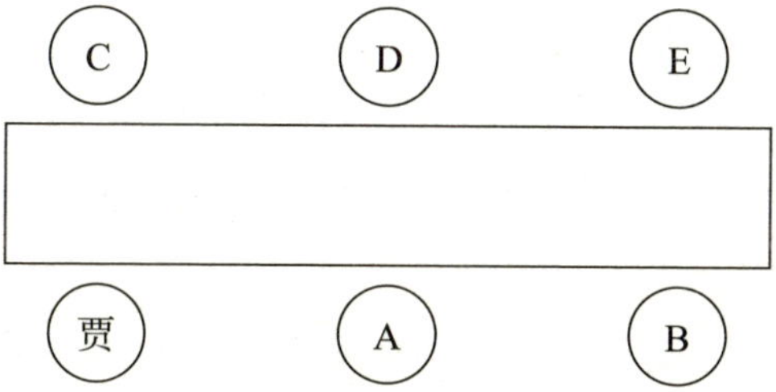

图 20

根据这张示意图，再结合题干中的信息，不难推出贾晓阳点了菠萝咕咾肉，她是女生；A 点了油焖大虾，他是男生；D 点了上汤时蔬，她是女生；E 点了蒜泥小龙虾，她是女生；又因为 C 点了清蒸鲈鱼，那么只有可能是 B 点了腰果鸡丁。

图书在版编目(CIP)数据

逻辑思维提高训练营:直达谜底的278个逻辑谜题/周婷主编.—北京:中国法制出版社,2020.3

ISBN 978-7-5216-0817-5

Ⅰ.①逻… Ⅱ.①周… Ⅲ.①逻辑思维—思维训练 Ⅳ.①B80

中国版本图书馆CIP数据核字(2020)第020892号

策划编辑/责任编辑:吕静云　　封面设计:李　宁

逻辑思维提高训练营:直达谜底的278个逻辑谜题

LUOJI SIWEI TIGAO XUNLIANYING: ZHIDA MIDI DE 278 GE LUOJI MITI

主编/周婷

经销/新华书店

印刷/三河市国英印务有限公司

开本/880毫米×1230毫米　32开　　印张/11　字数/238千

版次/2020年3月第1版　　2020年3月第1次印刷

中国法制出版社出版

书号ISBN 978-7-5216-0817-5　　定价:39.80元

北京西单横二条2号　邮政编码100031　　传真:010-66031119

网址:http://www.zgfzs.com　　**编辑部电话:010-66034985**

市场营销部电话:010-66017726　　**邮购部电话:010-66033288**

(如有印装质量问题,请与本社印务部联系调换。电话:010-66032926)